MÉTHODE
MUSCLÉE
et Sexy

Maïlis ELLIKER
avec la participation de
David COSTA

Mes RECETTES plaisir

100 recettes faciles et équilibrées pour les sportives !

@mphora
27 rue Saint-André-des-Arts - 75006 PARIS

Remerciements

Merci à ma sœur Emily, photographe, pour le prêt de son appareil photo, l'installation du studio et ses précieux conseils, sans oublier tout le travail, l'énergie et le temps qu'elle a consacrés aux retouches.

Merci à Robin et Amaury, mes colocataires, qui ont goûté et testé au quotidien presque la totalité des recettes.

Merci à toute ma famille pour ses encouragements lorsque je n'avais plus d'inspiration.

Merci à mes proches et à mes connaissances d'Instagram chères à mon cœur pour leur engouement, leur soutien et leur joie concernant la réalisation de ce livre.

Maquette alphastudiocom.fr
Photo de couverture ©Fotolia
Photos intérieur Maïlis Elliker,
retravaillées par Emily Wergifosse
pages 14, 58, 102, 146, 190 : ©Fotolia
Imprimé en Europe par EPEL (Hendaye)

ISBN 978 285 180 961 2

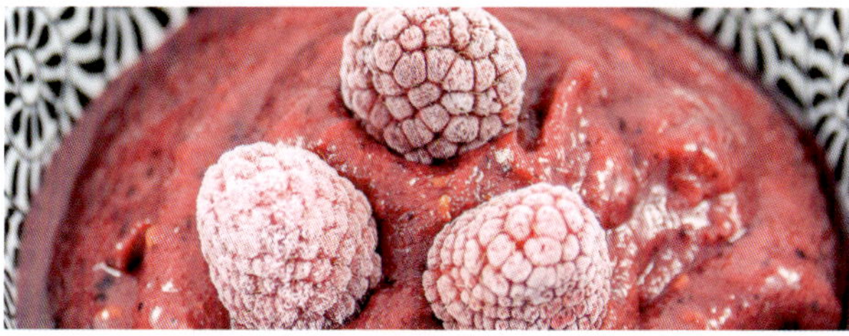

REMARQUES GÉNÉRALES SUR LES RECETTES :

Les farines de blé et d'avoine contiennent du gluten. Elles peuvent être remplacées si nécessaire par des farines sans gluten telles que celles de riz, de sarrasin, de maïs, de quinoa ou encore de millet (voire un mélange de plusieurs de ces farines), en gardant les quantités initiales de la recette.

Pour une version sans lactose, le fromage blanc peut facilement être remplacé par du yaourt de soja. Le beurre, quant à lui, peut être remplacé par de la margarine végétale. Inversement, pour une version sans soja, il suffit de remplacer le yaourt de soja par du fromage blanc.

Pour une version vegan, le miel peut être remplacé par du sirop d'agave, du sirop d'érable ou du sirop de sucre de fleurs de coco.

Lorsque dans une recette, un lait végétal est spécifié (lait de noisettes, par exemple), utilisez-le, il apporte quelque chose à la recette. Lorsqu'il ne l'est pas, choisissez-le selon vos préférences (lait d'amandes, lait d'avoine, lait de soja, lait de riz, lait d'épeautre, etc.).

Pictogrammes illustrant les recettes

Sans lactose

Sans gluten

Végétarien

Vegan

L'alimentation

Musclée & Sexy !

par David COSTA

Prendre soin de son corps est un fait d'actualité de plus en plus répandu. L'offre santé et bien-être est très variée : fitness, yoga, massages, cosmétiques, relaxation, compléments alimentaires, etc. Il s'avère que malgré tous ces produits intelligemment vendus, l'action la plus efficace pour votre santé et votre bien-être physique et psychologique reste votre **alimentation !** Rappelez-vous ces deux célèbres phrases, la première d'Hippocrate *«Que ton aliment soit ton médicament»* et la seconde qui pourrait être attribuée au docteur Kousmine *«Dis-moi ce que tu manges, je te dirai ce dont tu souffres»*.

Trop habituées à entendre et à lire qu'elle doit être équilibrée, variée et adaptée, vous êtes nombreuses à dériver malgré vous vers des comportements alimentaires néfastes, cherchant la solution miracle à votre situation. Ici, mon souhait est de vous remettre sur le droit chemin afin de vous apporter une **stabilité alimentaire durable** et un **rapport sain avec la nourriture**. Je ne traiterai pas de solutions rapides pour maigrir ou sécher en une semaine. Non, je vous donnerai simplement les clés pour réapprendre à vous alimenter grâce à ma vision de l'alimentation mise en pratique auprès de milliers de femmes dans le cadre de mes coachings alimentaires et du livre Musclée & Sexy. La méthode qui respecte les sciences de la nutrition est basée sur le rapport entre votre psychologie et vos réponses hormonales. Ainsi, sans sacrifices ni frustrations, vous réussirez à associer objectifs physiques et plaisirs culinaires quotidiens grâce aux délicieuses recettes de Maïlis.

Vivre chaque jour pleinement est la devise de Musclée & Sexy !

L'alimentation : pour progresser et être en bonne santé

Dans l'équation des progrès, nous avons d'une part l'entraînement, d'autre part l'alimentation. Dans la méthode Musclée & Sexy, avec son programme de 12 semaines progressif et adapté ainsi que ses nombreuses astuces pour vous faire évoluer, vous avez la réponse à toutes vos questions sur l'entraînement (le repos faisant partie de l'entraînement).

Concernant l'alimentation, en complément de la logique alimentaire Musclée & Sexy présentée dans le programme, je vous dévoile ici de façon simple et pratique les piliers de votre progression. Pour progresser, vous devez dans un premier temps définir vos objectifs. Et très souvent, c'est là que les soucis commencent : sécher, se muscler, galber, tonifier, dessiner, raffermir, affiner, sculpter, etc. Beaucoup de mots pour renvoyer simplement à deux réponses de votre corps : perdre du gras ou prendre du muscle. Le choix est alors beaucoup plus simple, et pour celles qui veulent les deux, oui, c'est possible !

Dans les deux objectifs, l'alimentation, et donc les calories que vous ingérez, jouent un rôle clé.

Selon les changements que vous réaliserez, votre corps répondra avec des adaptations plus ou moins bonnes pour votre santé : perte de gras, prise de muscles, mais aussi effet yoyo, problèmes de menstruations, blessures, dépression, dérèglement alimentaire, boulimie et d'autres pathologies. Et c'est sur ce point que se fourvoient beaucoup de méthodes et programmes vendus sur internet vous présentant des résultats rapides mais sans indiquer les dangers pour votre santé.

La capacité d'adaptation du corps est telle que quoi que vous lui imposiez, il s'adaptera pour faire face aux stress et sollicitations futures. Seulement, comme exposé ci-dessus, les adaptations peuvent se faire au détriment de votre santé. C'est pourquoi, après avoir coaché des milliers de femmes et parcouru des milliers de profils sur les réseaux sociaux, je peux vous assurer qu'il est important de comprendre que chercher à changer son corps peut avoir de graves conséquences à court, moyen ou long terme si l'on ne respecte pas sa physiologie.

Le dessin page suivante représente de façon très simple le fonctionnement alimentaire selon ma méthode. Cinq pôles composent et influencent celui-ci :

- La balance calorique : vos entrées vs vos dépenses ; avec de préférence des entrées équilibrées, variées et adaptées à vos besoins. Des dépenses liées à votre mode de vie et à vos activités journalières (déplacements, sport, etc).
- Les règles de la répartition alimentaire sur une journée pour réguler votre faim (voir chapitre suivant).
- Les comportements négatifs que vous pouvez avoir pour maigrir mais qui ont l'effet contraire.
- La gestion de votre niveau de fatigue et de stress (physique et mental).
- La flexibilité alimentaire : adopter une alimentation équilibrée, variée, adaptée et compatible avec la vie sociale grâce au fonctionnement par équivalences et compensations comme je vous le présente dans « la logique Musclée & Sexy » du livre du même nom.

Spécificité du fonctionnement de la femme

Conseils anticellulite et anti-graisse

Il est important de préciser que par nature, la masse grasse de la femme est plus élevée que celle de l'homme. Elle compte 40 milliards d'adipocytes

contre 20 milliards chez l'homme. Le taux de masse grasse pour une femme est situé entre 20 % et 30 %. La répartition de cette dernière et la forme du corps dépendent en partie de la génétique propre à chacune.

1kg de graisse = 7730 kcal !

La cellulite est directement liée à votre taux de masse graisseuse. Elle est causée par une variation de la répartition des cellules graisseuses (adipocytes) qui donnent cet aspect de capitons communément appelés « peau d'orange » à cause de la déformation de la peau (derme) qu'elle engendre. Pour cela, il faut veiller à préserver son collagène en limitant les expositions au soleil et en s'hydratant suffisamment avec 1,5 à 2,5 l par jour. Le collagène assure l'élasticité de la peau.

L'hydratation sera un facteur clé pour lutter contre la cellulite et la rétention d'eau sous-cutanée (sous la peau).

Le premier moyen de lutter contre la cellulite est de réduire sa masse graisseuse corporelle par une alimentation adaptée, équilibrée et par un entraînement spécifique comme nous vous le proposons dans le programme Musclée & Sexy, permettant un épuisement ciblé des zones récalcitrantes.

Glucides : Les femmes étant très sensibles à l'insuline, il est important de favoriser des index glycémiques bas pour limiter le stockage !

Plus votre taux de masse grasse augmente, plus votre corps crée des cellules graisseuses de stockage (adipocytes). Le contrôle de son poids, sa stabilité alimentaire et donc la lutte contre l'effet yoyo, en plus d'être esthétiques, ont pour but de prendre soin de votre santé.

L'environnement hormonal est favorable au déstockage des graisses pour les femmes qui allaitent leur bébé dans les trois premiers mois qui suivent l'accouchement. Ce qui les aidera à retrouver plus facilement leur poids d'avant grossesse !

Calories et musculation

Après une séance de musculation intensive, grâce aux charges lourdes utilisées comme je vous l'explique dans le livre Musclée & Sexy, vous continuez à consommer des calories pendant 24 à 48 heures pour reconstruire vos cellules musculaires endommagées et pour restaurer vos stocks de glycogène et d'acides gras. Ainsi, plus l'effort a été intense, plus cette dépense est élevée. Intense ne veut pas dire « cardio », se sentir essoufflé ou transpirer durant la séance ne rime pas forcément avec une grande consommation calorique. Ce qui est important c'est l'intensité de chaque effort, en d'autres termes, il s'agit de la difficulté à le réaliser. Plus vous pouvez faire de répétitions ou tenir de temps pour un exercice donné, plus cet exercice est d'intensité basse.

Par exemple, si vous pouvez faire 40 squats avec un poids total de 30 kg, ou 20 relevés de buste facilement ou 1'30 de gainage, ou encore 20 élévations latérales avec 2 kg par main, ces efforts sont d'une intensité faible. En revanche, si vous ne pouvez faire que 8 répétitions en squat avec un poids total de 30 kg, ou 10 soulevés de bassin ou moins de 30 secondes d'un gainage ou encore 6 élévations latérales avec 2 kg, ces efforts sont d'intensité modérée à élevée.

Vous comprenez alors l'importance d'utiliser des charges « lourdes » permettant de faire avec difficulté le nombre de répétitions indiqué dans vos séances afin d'avoir un maximum de résultats.

Les conséquences de la restriction alimentaire

L'alimentation dirige le fonctionnement de notre organisme. La modifier conduit à des changements visibles (masse musculaire, masse graisseuse) mais aussi à des changements non visibles qui peuvent nuire gravement à la santé.

Perte de poids et lipides

La femme, par nature, utilise plus facilement les lipides que l'homme. Par conséquent, votre alimentation doit en contenir au moins à hauteur de 30% de vos apports énergétiques totaux. Une forte restriction à ce niveau vous expose à une aménorrhée (absence de règles) qui peut être irréversible si elle dure plus de deux ans.

Le corps féminin utilise plus facilement les graisses comme source d'énergie que celui de l'homme lors de l'effort de musculation. La consommation des lipides est alors très importante !

Ce déséquilibre dans la consommation de lipides, notamment avec une sous-consommation d'Omega 3, va contribuer à acidifier votre organisme. Les conséquences de cette acidification seront une augmentation du risque d'ostéoporose (déminéralisation des os) et un corps plus propice aux inflammations (comme les tendinites par exemple). Adopter une alimentation variée et équilibrée est suffisant pour se prémunir de ce risque, et veiller au maintien du ph neutre de votre organisme. Ainsi, en consommant au moins 400 g de légumes par jour et 1 à 3 fruits, vous veillez à son maintien.

Perte de poids et calories

La réduction calorique pour la perte de poids doit également être faite avec mesure car une baisse brutale conduira à une perte de poids rapide certes, mais grâce à la perte de muscle. Cette baisse de votre apport calorique sera associée à une baisse de la sécrétion de leptine « hormone de la satiété » et à une hausse de la ghréline « hormone qui stimule l'appétit ». Ces deux hormones ont un rôle opposé. La première ne vous indiquera plus correctement votre niveau de satiété lors des repas, favorisa le stockage et réduira vos dépenses énergétiques. Tout cela dans le but de préserver votre corps. La seconde vous poussera à manger de façon incontrôlée et induira un stockage à cause de l'excès de calories consommé, dans le but de « faire le plein » de calories en prévision d'éventuelles périodes de manque. Ces impacts hormonaux de votre comportement alimentaire expliquent les fortes pulsions et les attitudes boulimiques que de nombreuses femmes subissent quotidiennement.

Perte de poids et hydratation

L'hydratation, bien que son importance soit connue de toutes, ne doit pas être prise à la légère. Une petite déshydratation réduit nos fonctions, nos performances : baisse de force, moins bonne récupération, fatigue accrue et augmentation des calories ingérées. Diverses études ont été menées sur le lien entre l'hydratation et le poids. Il est montré que le remplacement des boissons (jus de fruit, lait, soda, etc.) par de l'eau, en plus de la réduction calorique que cela engendre, entraîne une moindre consommation de calories (1) (2). Une autre étude (3) a montré que des sujets qui buvaient 1 % d'eau en plus par jour consommaient moins de calories. Une dernière (4) prouve que boire 500 ml d'eau froide par jour (au lieu d'eau à température ambiante) augmente en moyenne la dépense énergétique de 23 Kcal. C'est peu pour une seule journée, mais sur une semaine ou un mois, le total de calories consommées est considérable afin de favoriser le déficit calorique nécessaire à la perte de poids. Il est donc fondamental de maintenir une bonne hydratation.

Perte de poids et stockage

Le stockage sous forme de graisse va aussi être impacté lors de la restriction alimentaire brutale avec en priorité une accumulation de graisse au niveau du ventre, sous la peau et au niveau des hanches et cuisses. Cette dernière zone étant la plus difficile à déstocker, il faudra alors redoubler de patience pour obtenir de nets changements, adopter une réduction progressive et durable des calories ingérées ainsi que mettre en place le programme ciblé Musclée &

Sexy. Vous l'aurez compris, cela est impossible avec des réductions caloriques trop grandes.

La femme et la nourriture : je t'aime moi non plus...

Qui n'a jamais essayé un régime privatif, avec une liste restrictive d'aliments autorisés et d'autres interdits ? Le simple fait de lire cette phrase va entraîner une réaction opposée. Autrement dit, plus vous vous priverez, plus vous risquez de craquer sur les aliments de cette fameuse liste. Cela ne se limite pas à une liste physique, le simple fait de bannir volontairement certains aliments en les considérant comme « non autorisés », « interdits », provoquera le même comportement. « Génial, alors je peux manger de tout pour être en bonne santé et maigrir ? », allez-vous me dire ! Question à laquelle je vous répondrai : « Oui, c'est presque ça. Il y a seulement quelques principes à comprendre. » La réponse dans le chapitre suivant.

Ma solution pour réguler votre comportement alimentaire et atteindre vos objectifs

Voici les principes de fonctionnement d'une bonne alimentation selon la méthode Musclée & Sexy présentés dans le dessin ci-dessous :

- Des apports alimentaires étalés sur la journée et de façon homogène.
- La consommation d'un nombre constant de calories chaque jour (en moyenne) légèrement en dessous de vos besoins.
- Une hydratation suffisante, environ 2,5 l d'eau par jour pour les apports en dessous de 2000 kcal.
- Des aliments de qualité avec des index glycémiques bas et moyens, un apport suffisant en Omega 3, des produits de préférence bio et frais.
- Des légumes et fruits frais tous les jours.
- Une prise alimentaire plaisir par jour représentant au maximum un quart de vos apports.
- La compensation entre les aliments grâce aux équivalences alimentaires.

Non présenté sur le dessin car spécifique à la perte de poids, vous devrez très simplement consommer moins de calories que ce que vous dépensez, et assurer votre suivi tous les 15 jours en observant vos changements de poids et de tour de taille (toujours mesurés dans les mêmes conditions).

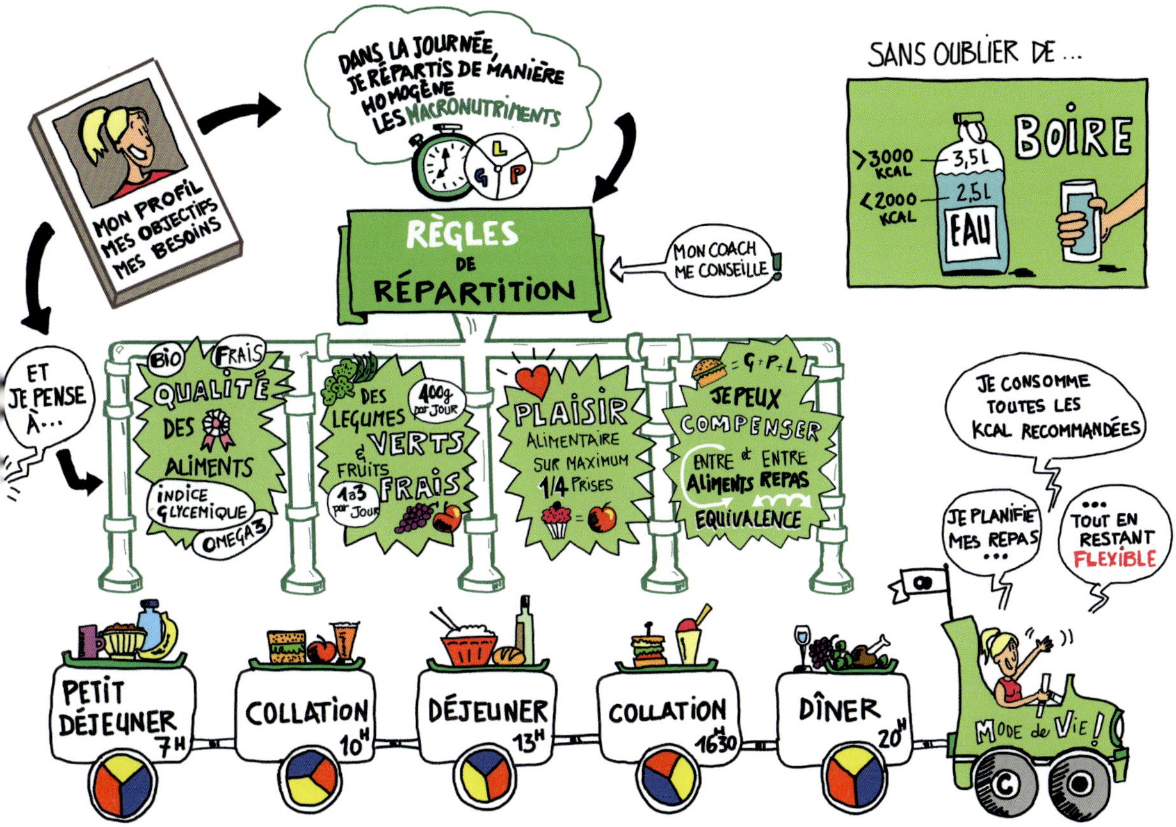

Évidemment, de ce modèle de base doivent découler des adaptations propres à chacune afin de permettre une alimentation parfaitement adaptée à vos besoins, à vos préférences et à votre mode de vie.

(1) Water, Hydration and Health, Barry M. Popkin, Kristen E. D'Anci, and Irwin H. Rosenberg. Nutr Rev. Author manuscript; available in PMC 2011 Aug 1. Published in final edited form as: Nutr Rev. 2010 Aug; 68(8): 439-458. https://www.ncbi.nlm.nih.gov/pmc/articles/PMC2908954/

(2) Water consumption increases weight loss during a hypocaloric diet intervention in middle-aged and older adults.. E.A. Dennis, A.L. Dengo, D.L. Comber, K.D. Flack, J. Savla, K.P. Davy, and B.M. Davy. Obesity. Feb 2010; 18(2): 300-307.

(3) Plain water consumption in relation to energy intake and diet quality among US adults, 2005-2012. R. An J. _McCaffrey. First published: 22 February 2016

(4) Duffey, Kiyah J., and Barry M. Popkin. Adults with healthier dietary patterns have healthier beverage patterns. J Nutr. November 2006; (136)11: 2901-2907.

Petits déjeuners

SCONES AUX RAISINS SECS ET CRANBERRIES

*Préparation : **20 min + 1 nuit de repos***
*Cuisson : **25 min***

- Dans un grand saladier, mélangez les farines, le sucre, la levure chimique et la cannelle.
- Coupez le beurre en petits morceaux et ajoutez-le au mélange précédent. Mélangez jusqu'à l'obtention d'un sablé grossier. Ajoutez les raisins et les cranberries.
- Dans un bol, battez l'œuf avec le lait et le fromage blanc. Creusez un puits dans le sablé et versez le mélange liquide. Mélangez grossièrement avec une cuillère en bois, la pâte ne doit pas être homogène et doit être le moins travaillée possible.
- Mettez une feuille de papier sulfurisé sur un plan de travail, farinez-la légèrement et déposez-y la boule de pâte. Aplatissez la pâte jusqu'à former un disque d'environ 2 à 3 cm d'épaisseur. Filmez le disque avec du plastique alimentaire et placez-le au réfrigérateur pendant une nuit.
- Le lendemain, préchauffez le four à 200°C. Coupez le disque en 8 parts égales et badigeonnez-les d'un peu de lait à l'aide d'un pinceau puis saupoudrez une pincée de sucre de canne sur chaque part.
- Enfournez pour 25 minutes et laissez refroidir sur une grille.

À déguster froid ou encore légèrement tiède, nature ou avec diverses tartinades.

INGRÉDIENTS

Pour 8 scones :

- 200 g de farine de blé semi-complète (T80)
- 100 g de farine de blé blanche (T65)
- 30 g de sucre de canne complet
- 40 g de beurre
- 40 g de fromage blanc 0 %
- 1 œuf
- 2 cuillères à café de levure chimique
- 1 cuillère à café de cannelle
- 100 ml de lait végétal
- 50 g de raisins secs
- 50 g de cranberries séchées

SCONES AUX NOIX ET PÉPITES DE CHOCOLAT

Préparation : ***20 min + 1 nuit de repos***
Cuisson : ***25 min***

- Dans un grand saladier, mélangez les farines, le sucre, la levure chimique. Coupez le beurre en petits morceaux et ajoutez-le au mélange précédent. Mélangez jusqu'à l'obtention d'un sablé grossier. Hachez les noix en petits morceaux, ajoutez-les au sablé, ainsi que les pépites de chocolat noir.
- Dans un bol, battez l'œuf avec le lait, le fromage blanc et l'extrait de vanille. Creusez un puits dans le sablé et verser le mélange liquide.
- Mélangez grossièrement avec une cuillère en bois, la pâte ne doit pas être homogène et doit être le moins travaillée possible.
- Mettez une feuille de papier sulfurisé sur un plan de travail, farinez-la et déposez-y la boule de pâte. Aplatissez la pâte jusqu'à former un disque d'environ 2 à 3 cm d'épaisseur. Filmez le disque avec du plastique alimentaire et placez-le au réfrigérateur pendant une nuit.
- Le lendemain, préchauffez le four à 200°C. Coupez le disque en 8 parts égales et badigeonnez-les d'un peu de lait à l'aide d'un pinceau puis saupoudrez une pincée de sucre de canne sur chaque part.
- Enfournez pour 25 minutes et laissez refroidir sur une grille.

À déguster froid ou encore légèrement tiède, nature ou avec diverses tartinades.

INGRÉDIENTS

Pour 8 scones

- 200 g de farine de blé semi-complète (T80)
- 100 g de farine de blé blanche (T65)
- 30 g de sucre de canne complet
- 40 g de beurre
- 40 g de fromage blanc 0 %
- 1 œuf
- 2 cuillères à café de levure chimique
- 1 cuillère à café d'extrait de vanille
- 115 ml de lait végétal
- 50 g de noix
- 40 g de pépites de chocolat noir

BANANA BREAD AUX NOIX

Préparation : **15 min**
Cuisson : **25-30 min**

- Préchauffez le four à 180°C.
- Dans un saladier, mélangez la farine, le sucre et la levure chimique. Écrasez la banane à la fourchette afin de la réduire en purée.
- Dans un bol, battez l'œuf avec la purée de banane et l'huile de coco préalablement fondue.
- Mélangez les deux préparations jusqu'à l'obtention d'une pâte homogène.
- Hachez les noix en petits morceaux et incorporez-les à la pâte.
- Versez la pâte dans un moule à cake individuel et enfournez pendant 25 à 30 minutes.
- Vérifiez la cuisson avec la pointe d'un couteau qui doit ressortir sèche.

INGRÉDIENTS

Pour 1 personne

- 70 g de farine de blé semi-complète (T80)
- 1 banane
- 1 œuf
- 10 g de sucre de fleurs de coco
- 1 cuillère à café d'huile de coco
- 4 g de levure chimique
- 25 g de noix

CAKE À LA POMME ET CANNELLE

Préparation : ***15 min***
Cuisson : ***25-30 min***

- Préchauffez le four à 180°C.
- Dans un petit saladier, mélangez la farine, le sucre, la levure et la cannelle.
- Dans un bol, battez l'œuf avec le fromage blanc et l'huile de coco préalablement fondue.
- Mélangez les deux préparations jusqu'à l'obtention d'une pâte homogène.
- Pelez et coupez la pomme en petits morceaux, ajoutez-les à la pâte et mélangez.
- Versez la pâte dans un moule à cake individuel et enfournez pendant 25 à 30 minutes.
- Vérifiez la cuisson avec la pointe d'un couteau qui doit ressortir sèche.

INGRÉDIENTS

Pour 1 personne

- 70 g de farine de blé semi-complète (T80)
- 1 œuf
- 50 g de fromage blanc 0 %
- 10 g de sucre de fleurs de coco
- 15 ml de lait végétal
- ½ pomme
- 4 g de levure chimique
- 1 cuillère à café d'huile de coco
- 1 cuillère à café de cannelle

GRANOLA AUX NOIX, NOISETTES, COCO ET FRUITS SECS

Préparation : ***15 min***
Cuisson : ***15-20 min***

- Préchauffez le four à 160°C.
- Hachez grossièrement les noisettes et les noix en petits morceaux.
- Dans un saladier, mélangez les flocons d'avoine, les éclats de noisettes et noix et la cannelle.
- Ajoutez l'huile de coco préalablement fondue et le sirop d'agave. Mélangez bien afin de tout imprégner.
- Disposez une feuille de papier sulfurisé sur la plaque du four, étalez le granola et enfournez pendant 15 à 20 minutes.
- Sortez le granola du four et laissez-le refroidir totalement : le mélange devient croustillant durant cette étape. Cassez-le ensuite et ajoutez les cranberries, raisins et baies de goji.

À déguster avec du lait, du yaourt ou encore dans un smoothie bowl *(voir recette page 32).*

Le granola se conserve dans un pot hermétique.

INGRÉDIENTS

Pour un pot de 300 g

- 150 g de flocons d'avoine
- 25 g de noisettes
- 25 g de noix
- 15 g de cranberries séchées
- 15 g de raisins secs
- 15 g de baies de goji séchées
- 25 g d'huile de coco
- 50 g de sirop d'agave
- 1 petite cuillère à café de cannelle

MUESLI ÉNERGIE

Préparation : ***5 min***

▸ Mélangez tous les ingrédients ensemble.

À déguster avec du lait ou du yaourt et un filet de sirop d'agave.

Le muesli se conserve dans un pot hermétique.

INGRÉDIENTS

Pour un pot de 430 g

- 250 g de flocons 4 céréales
- 30 g de graines de lin
- 30 g de graines de potiron
- 30 g d'amandes effilées
- 30 g de physalis séchées
- 30 g de baies de goji séchées
- 30 g de cranberries séchées

MUFFINS AUX POIRES ET CHOCOLAT

Préparation : ***15 min***
Cuisson : ***25 min***

- Préchauffez le four à 180°C.
- Dans un petit saladier, mélangez la farine, le sucre, la levure et les pépites de chocolat.
- Dans un bol, battez l'œuf avec le yaourt et l'huile de coco préalablement fondue.
- Mélangez les deux préparations jusqu'à l'obtention d'une pâte homogène.
- Pelez et coupez la poire en petits morceaux, ajoutez-les à la pâte et mélangez.
- Répartissez la pâte dans 4 moules à muffins et enfournez pendant environ 25 minutes.
- Vérifiez la cuisson avec la pointe d'un couteau qui doit ressortir sèche.

INGRÉDIENTS

Pour 4 muffins

- 80 g de farine d'avoine
- 1 œuf
- 50 g de yaourt de soja nature
- 10 g de sucre de canne complet
- 25 ml de lait végétal
- ½ poire
- 10 g de pépites de chocolat noir
- 4 g de levure chimique
- 1 cuillère à café d'huile de coco

SMOOTHIE BOWL EXOTIQUE

*Préparation : **15 min***

- Pelez et coupez la mangue en morceaux.
- Pelez la banane.
- Pressez l'orange.
- Dans un blender, mixez la mangue et la banane avec le lait de coco et le jus d'orange.
- Ajustez la consistance obtenue (assez épaisse) avec de l'eau, du lait ou du jus si vous le souhaitez.
- Versez le smoothie dans un bol, disposez les fruits frais et le granola.

INGRÉDIENTS

Pour 1 personne

- 1 mangue
- 1 banane
- ½ orange
- 35 ml de lait de coco
- 30 g de granola (recette page 26)
- Fruits frais au choix

RIZ AU LAIT DE COCO ET BANANE

Préparation : ***10 min + 1h de repos***
Cuisson : ***25-30 min***

- Dans une petite casserole, faites bouillir le lait de coco et le lait végétal.
- Ajoutez le sucre, le riz et la cannelle.
- Laissez cuire à feu doux jusqu'à évaporation du lait (environ 20 à 25 minutes) en remuant régulièrement.
- Écrasez la banane, ajoutez-la dans le riz et poursuivez la cuisson pendant encore quelques minutes.
- Versez la préparation dans un bol et placez-la au réfrigérateur pendant une heure avant de déguster.

INGRÉDIENTS

Pour 1 personne

- 50 g de riz rond
- 200 ml de lait de coco
- 100 ml de lait végétal
- 10 g de sucre de canne complet
- 1 banane
- 3 pincées de cannelle

PORRIDGE À LA BANANE ET FRUITS ROUGES

Préparation : ***5 min***
Cuisson : ***10 min***

- Dans une petite casserole, versez le lait et portez-le à légère ébullition sur feu moyen.
- Lorsque les premières bulles apparaissent, versez les flocons d'avoine et laissez cuire doucement en remuant à l'aide d'une cuillère en bois.
- Écrasez la banane, ajoutez-la et poursuivez la cuisson.
- Quelques minutes plus tard, lorsque les flocons ont bien gonflé et que le lait est absorbé, retirez la casserole du feu et versez le porridge dans un bol.
- Disposez les fruits rouges et dégustez bien chaud.

INGRÉDIENTS

Pour une personne

- 60 g de flocons d'avoine
- 200 ml de lait végétal
- 1 banane
- Fruits rouges : framboises, myrtilles, mûres, groseilles

PORRIDGE DE QUINOA AUX FIGUES, MYRTILLES ET MIEL

Préparation : ***5 min***
Cuisson : ***20-25 min***

- Rincez et égouttez le quinoa.
- Dans une petite casserole, versez le lait végétal, le quinoa et la cannelle.
- Couvrez et portez à ébullition puis baissez à feu doux et laissez cuire à couvert jusqu'à ce que le lait soit absorbé, soit environ 15 minutes.
- Coupez le feu et laissez gonfler encore 5 à 10 minutes.
- Versez le quinoa dans un bol, coupez les figues, disposez-les avec les myrtilles sur le porridge et arrosez d'un filet de miel avant de déguster.

INGRÉDIENTS

Pour 1 personne

- 50 g de quinoa
- 150 ml de lait végétal
- 2 figues fraîches
- 1 poignée de myrtilles
- Miel d'acacia
- 3 pincées de cannelle

PANCAKES À LA FLEUR D'ORANGER ET SIROP D'ÉRABLE

Préparation : ***5 min***
Cuisson : ***10-15 min***

- Dans un saladier, mélangez la farine, le sucre et la levure chimique. Dans un bol, battez l'œuf avec le yaourt de soja et le lait végétal.
- Mélangez ensemble les deux préparations et ajoutez l'eau de fleur d'oranger.
- Faites chauffer à feu moyen une poêle antiadhésive (avec un peu de matière grasse si besoin), formez les pancakes à l'aide d'une cuillère et laissez cuire quelques minutes.
- Lorsque des petites bulles apparaissent, retournez les pancakes et poursuivez la cuisson pendant à nouveau quelques minutes.
- Arrosez d'un filet de sirop d'érable et dégustez avec les fruits frais.

INGRÉDIENTS

Pour 1 personne

- 60 g de farine d'avoine
- 50 g de yaourt de soja nature
- 10 g de sucre de canne complet
- 1 œuf
- 4 g de levure chimique
- 1 cuillère à café et demie d'eau de fleur d'oranger
- 35 à 40 ml de lait végétal
- Fruits frais au choix
- Sirop d'érable

PANCAKES PROTÉINÉS AUX POMMES ET PÉPITES DE CHOCOLAT

Préparation : ***10 min***
Cuisson : ***10-15 min***

- Dans un saladier, mélangez les farines, le sucre, les pépites de chocolat et la levure chimique.
- Dans un bol, battez les œufs, puis mélangez ensemble les deux préparations et ajoutez l'extrait de vanille.
- Pelez et râpez la pomme, ajoutez-la à la pâte et mélangez bien.
- Faites chauffer à feu moyen une poêle antiadhésive (avec un peu de matière grasse si besoin), formez les pancakes à l'aide d'une cuillère et laissez cuire quelques minutes.
- Lorsque des petites bulles apparaissent, retournez les pancakes et poursuivez la cuisson pendant à nouveau quelques minutes.

INGRÉDIENTS

Pour 1 personne

- 45 g de farine de blé semi-complète (T80)
- 30 g de farine de blé blanche (T65)
- ½ pomme
- 1 œuf + 2 blancs d'œuf
- 4 g de levure chimique
- 5 g de sucre de canne complet
- 10 g de pépites de chocolat noir
- Quelques gouttes d'extrait de vanille

GAUFRES ET PÂTE À TARTINER CHOCOLAT-NOISETTE

Préparation : ***15 min***
Cuisson : ***10 min***

- Dans un petit saladier, mélangez les farines, le sucre et la levure chimique.
- Dans un bol, battez l'œuf avec le yaourt de soja et le lait végétal.
- Mélangez les deux préparations ensemble.
- Préchauffez le gaufrier.
- Dans un petit bol, mélangez le cacao pur, le sirop d'agave, la purée de noisettes et le lait de noisettes jusqu'à obtenir une pâte bien homogène et lisse.
- Graissez légèrement le gaufrier et versez une cuillère à soupe de pâte sur chaque plaque.
- Laissez cuire pendant environ 2 minutes.

Dégustez les gaufres tartinées de la pâte chocolat/noisette.

INGRÉDIENTS

Pour 1 personne

- 50 g de farine de sarrasin
- 20 g de farine de maïs
- 1 œuf
- 30 g de yaourt de soja à la vanille
- 10 g de sucre de canne complet
- 4 g de levure chimique
- 40 ml de lait végétal
- 5 g de cacao pur
- 5 g de sirop d'agave
- 15 g de purée de noisettes
- 15 ml de lait de noisettes

GAUFRES À LA BANANE

Préparation : ***15 min***
Cuisson : ***10 min***

- Dans un petit saladier, mélangez la farine et la levure chimique.
- Écrasez la banane avec une fourchette afin de la réduire en purée.
- Dans un bol, battez l'œuf avec la purée de banane, le lait et l'huile de coco préalablement fondue.
- Mélangez les deux préparations et ajustez la consistance de la pâte avec un peu de lait si besoin.
- Préchauffez le gaufrier.
- Graissez légèrement le gaufrier et versez une cuillère à soupe de pâte sur chaque plaque.
- Laissez cuire pendant environ 2 minutes.

INGRÉDIENTS

Pour 1 personne

- 60 g de farine de maïs
- 1 œuf
- 1 banane
- 4 g de levure chimique
- 1 cuillère à café d'huile de coco
- 30 ml de lait végétal à la banane

BIRCHER MUESLI

Préparation : ***15 min + 1 h de repos***

- Dans un bol, mélangez les flocons d'avoine, les raisins secs, le lait et laissez gonfler au réfrigérateur pendant une heure.
- Râpez la pomme (en gardant la peau), ajoutez-la dans le bol.
- Pressez le citron et versez le jus dans la préparation.
- Coupez la banane en petits morceaux, ainsi que les autres fruits choisis et ajoutez-les dans le bol.
- Mélangez délicatement le tout.
- Ajoutez les noix grossièrement concassées et la cannelle.
- Mélangez à nouveau et versez un filet de miel avant de déguster.

INGRÉDIENTS

Pour 1 personne

- 50 g de flocons d'avoine
- 50 g de lait végétal
- 100 g de fromage blanc 0%
- 10 g de raisins secs
- ½ pomme
- ½ citron
- 1 banane
- 2-3 cerneaux de noix
- Des fruits frais au choix
- De la cannelle
- Du miel d'acacia

BRIOCHE AU FROMAGE BLANC ET À LA CANNELLE

Préparation : ***25 min + 2h30 de repos***
Cuisson : ***25 min***

- Dans un grand saladier, mélangez les farines, le sucre et la cannelle. Chauffez le lait, diluez-y la levure sèche (le lait doit être tiède et non chaud) et mélangez. Dans un bol, battez les œufs avec le fromage blanc.
- Ajoutez dans le saladier la levure mélangée au lait, ainsi que le mélange œufs/fromage blanc. Pétrissez la pâte pendant environ 10 minutes (à la main ou à l'aide d'un robot). Formez une boule de pâte homogène, déposez-la dans le saladier et couvrez-la d'un linge humide.
- Laissez reposer et gonfler pendant 1h30 à température ambiante.
- Après 1h30, beurrez légèrement les moules. Divisez la pâte en 8 ou 10 morceaux et formez des boules. Déposez ces boules dans les moules et couvrez à nouveau du linge humide. Laissez reposer pendant une heure afin que la brioche gonfle encore une fois.
- Préchauffez le four à 180°C.
- Badigeonnez les brioches avec un peu de lait à l'aide d'un pinceau, saupoudrez d'un peu de sucre de canne et de cannelle et enfournez pendant 25 minutes.
- Laissez refroidir la brioche quelques instants avant de démouler.

À savourer nature ou avec des tartinades au choix.

INGRÉDIENTS

Pour 8 à 10 brioches

- 400 g de farine de blé blanche (T65)
- 100 g de farine de blé semi-complète (T80)
- 250 g de fromage blanc 0%
- 50 g de sucre de canne complet
- 25 ml de lait végétal
- 7 g de levure sèche de boulanger
- 1 œuf + 2 jaunes
- 1 cuillère à soupe de cannelle

PUDDING DE PAIN

Préparation : ***20 min***
Cuisson : ***30 min***

- Préchauffez le four à 180°C.
- Dans un petit saladier, émiettez le pain sec et ajoutez les raisins secs.
- Chauffez le lait et versez-le sur les miettes de pain, laissez reposer pendant 5 à 10 minutes.
- Ensuite, ajoutez le sucre.
- Battez l'œuf puis pelez et coupez la pomme en petits morceaux, ajoutez le tout à la préparation et mélangez.
- Versez la pâte dans un petit moule à cake et enfournez pendant environ 30 minutes.

Laissez refroidir avant de déguster.

INGRÉDIENTS

Pour 1 personne

- 50 g de pain sec
- 100 ml de lait végétal
- 1 œuf
- 10 g de sucre de canne complet
- 10 g de raisins secs
- ½ pomme
- 3 pincées de cannelle

BOWL CAKE À LA BANANE, NOISETTES ET CHOCOLAT NOIR

Préparation : ***10 min***
Cuisson : ***2 min 30***

- Dans un bol, mélangez les flocons d'avoine, la levure chimique, les pépites de chocolat et les noisettes réduites en poudre.
- Écrasez la banane en purée à l'aide d'une fourchette, ajoutez-la dans le bol ainsi que l'œuf. Mélangez tout.
- Prenez un autre bol, badigeonnez-le d'un peu d'huile à l'aide d'un pinceau et versez-y la préparation.
- Faites cuire au micro-ondes pendant 2 minutes 30.

Démoulez sur une assiette en retournant le bol et dégustez encore chaud.

INGRÉDIENTS

Pour 1 personne

- 50 g de flocons d'avoine
- 1 banane
- 1 œuf
- 3 g de levure chimique
- 10 g de pépites de chocolat
- 15 g de noisettes

OVERNIGHT OATMEAL AU BEURRE DE CACAHUÈTES ET FRUITS FRAIS

Préparation : ***15 min + 1 nuit de repos***

- Le soir, versez les flocons d'avoine dans un bol, ajoutez les baies de goji, les graines de chia, le lait et le fromage blanc.
- Mélangez une première fois.
- Ajoutez le beurre de cacahuètes et le sirop d'agave et mélangez à nouveau.
- Laissez reposer la nuit au frigo.
- Le matin, ajoutez les fruits frais coupés en morceaux avant de déguster.

Pour les matins pressés, réalisez la recette dans un pot en verre qu'il suffit d'emporter au travail.

INGRÉDIENTS

Pour 1 personne

- 50 g de flocons d'avoine
- 100 ml de lait végétal
- 125 g de fromage blanc 0%
- 15 g de beurre de cacahuètes naturel
- 10 g de graines de chia
- 10 g de baies de goji
- 1 cuillère à soupe de sirop d'agave
- Fruits frais au choix

Entrées

SAMOUSSAS AU FROMAGE DE CHÈVRE ET BACON

Préparation : ***15 min***
Cuisson : ***15 min***

- Faites revenir les allumettes de bacon dans une poêle antiadhésive pendant 5 minutes.
- Dans un bol, écrasez le fromage de chèvre avec le bacon et le thym.
- Préchauffez le four à 180°C.
- Commencez le façonnage des samoussas en coupant chaque feuille de brick en deux, de manière à obtenir deux demi-cercles. Pliez le demi-cercle en deux dans le sens de la longueur afin d'obtenir un rectangle.
- Déposez l'équivalent d'une cuillère à café de mélange au début du rectangle et pliez en forme de triangle *(de nombreux tutoriels sont recensés en ligne en recherchant « pliage feuilles de brick triangle »)*. Procédez de la sorte jusqu'à la fin du mélange et des bricks.
- À l'aide d'un pinceau, badigeonnez légèrement chaque face des samoussas avec de l'huile d'olive. Enfournez pendant 15 minutes.

Dégustez encore chaud avec une petite salade en accompagnement.

INGRÉDIENTS

Pour 2 personnes (8 samoussas)

- 100 g d'allumettes de bacon fumé
- 100 g de fromage de chèvre frais
- 4 feuilles de brick rondes
- 4 pincées de thym
- Salade ou crudités au choix
- Huile d'olive

SAMOUSSAS AUX COURGETTES, SAUMON FUMÉ ET FETA

Préparation : ***25 min***
Cuisson : ***15 min***

- Lavez la courgette et coupez-la en petits dés. Dans une poêle, faites revenir les morceaux de courgette avec un filet d'huile d'olive, à feu moyen, pendant environ 15 minutes. Retirez du feu lorsque la courgette ne rend plus d'eau.
- Préchauffez le four à 180°C.
- Coupez la feta en petits morceaux ainsi que le saumon.
- Dans un bol, mélangez les courgettes, la feta et le saumon, ajoutez une pincée d'aneth et un peu de poivre.
- Commencez le façonnage des samoussas en coupant chaque feuille de brick en deux, de manière à obtenir deux demi-cercles. Pliez le demi-cercle en deux dans le sens de la longueur afin d'obtenir un rectangle.
- Déposez l'équivalent d'une cuillère à café de mélange au début du rectangle et pliez en forme de triangle *(de nombreux tutoriels sont recensés en ligne en recherchant « pliage feuilles de brick triangle »)*. Procédez de la sorte jusqu'à la fin du mélange et des bricks.
- À l'aide d'un pinceau, badigeonnez légèrement chaque face des samoussas avec de l'huile d'olive. Enfournez pendant 15 minutes.

Dégustez encore chaud avec une petite salade en accompagnement.

INGRÉDIENTS

Pour 2 personnes (8 samoussas)

- 150 g de courgette
- 50 g de feta
- 1 tranche de saumon fumé (environ 35 g)
- 4 feuilles de brick rondes
- Huile d'olive
- Aneth
- Salade ou crudités au choix

SALADE DE FENOUIL AUX POMMES ET NOIX

Préparation : ***15 min***

- Lavez le fenouil, coupez les tiges et gardez uniquement le bulbe. Coupez-le en petits morceaux.
- Lavez la pomme et coupez-la également en petits morceaux.
- Hachez grossièrement les noix.
- Dans un saladier, mélangez le fenouil, la pomme et la noix. Ajoutez 2 cuillères à soupe d'huile de noix et une cuillère à soupe de vinaigre de framboise.
- Salez et poivrez.

Servez dans des petits bols et dégustez bien frais.

INGRÉDIENTS

Pour 2 personnes

- 1 bulbe de fenouil
- 1 pomme
- 10 noix
- Huile de noix
- Vinaigre de framboise

TOASTS
À L'AVOCAT ET SAUMON

Préparation : ***10 min***

- Faites griller les tranches de pain (au grille-pain ou au four).
- Écrasez l'avocat à la fourchette, poivrez et ajoutez quelques gouttes de jus de citron.
- Coupez le saumon en lanières.
- Étalez la purée d'avocat sur le pain et disposez le saumon.
- Saupoudrez d'aneth et des éventuelles graines.

Ajoutez quelques gouttes de jus de citron avant de déguster.

INGRÉDIENTS

Pour 2 personnes

- 4 petites tranches de pain (ou 2 grandes)
- ½ avocat
- 1 tranche de saumon fumé (environ 35 g)
- ½ citron
- Aneth
- Graines de sésame, graines de pavot, etc. (facultatif)

SALADE DE MANGUE, AVOCAT ET CONCOMBRE À LA CORIANDRE

Préparation :
20 min + 1h de repos

- Commencez par peler et couper la mangue, l'avocat et le concombre en petits morceaux.
- Hachez les oignons nouveaux et coupez les tomates cerises en deux ou en quatre. Disposez le tout dans un saladier.
- Pressez le demi-citron vert et hachez la coriandre.
- Ajoutez au saladier le jus du citron, la coriandre, l'huile d'arachide, salez, poivrez et mélangez bien.
- Placez au réfrigérateur pendant une heure.

Dégustez bien frais.

INGRÉDIENTS

Pour 2 personnes

- ½ mangue
- ½ avocat
- ½ concombre
- 2 oignons nouveaux
- 4-5 tomates cerises
- 4-5 feuilles de coriandre
- ½ citron vert
- 1 cuillère à soupe d'huile d'arachide
- Sel, poivre

TARTINES AU FROMAGE DE CHÈVRE, FIGUES, NOIX ET MIEL

Préparation : ***10 min***

- Faites griller les tranches de pain (au grille-pain ou au four).
- Lavez et coupez les figues en petits quartiers.
- Disposez le fromage de chèvre et les morceaux de figues sur les tranches de pain.

Cassez grossièrement les noix et disposez-les sur les tartines, arrosez d'un filet de miel avant de déguster.

INGRÉDIENTS

Pour 2 personnes

- 4 petites tranches de pain aux noix (ou 2 grandes)
- Quelques rondelles de fromage de chèvre
- 2 figues fraîches
- 4-5 cerneaux de noix
- Du miel d'acacia

TARTINES DE TOMATE MOZZARELLA AU JAMBON DE PARME ET PESTO

Préparation : ***10 min***

- Tartinez les tranches de pain d'un peu de pesto.
- Coupez la mozzarella en fines tranches et disposez-les sur le pain.
- Ajoutez les tomates cerises coupées et le jambon de Parme.

Assaisonnez selon les goûts et dégustez.

INGRÉDIENTS

Pour 2 personnes

- 4 petites tranches de pain (ou 2 grandes)
- ½ boule de mozzarella buffala
- 4-5 tomates cerises
- 1 à 2 tranches de jambon de Parme
- Pesto
- Sel, poivre

TABOULÉ

Préparation :
25 min + 1h de repos

- Dans une petite casserole, versez le boulgour et 140 ml d'eau, faites chauffer à couvert et à feu doux. Lorsque l'eau est absorbée (après environ 10 minutes), éteignez le feu et laissez encore gonfler le boulgour.
- Coupez le poivron en petits dés et les tomates en deux ou en quatre.
- Une fois que le boulgour est tiède voire froid, égrenez-le et versez-le dans un petit saladier.
- Ajoutez le poivron, les tomates, les raisins secs et les feuilles de menthe hachées.
- Pressez le citron et versez le jus dans le saladier, ajoutez l'huile d'olive, salez, poivrez et mélangez.

Placez au réfrigérateur pendant une heure avant de déguster bien frais.

INGRÉDIENTS

Pour 2 personnes.

- 60 g de boulgour
- ½ poivron jaune
- 4-5 tomates cerises
- 20 g de raisins secs
- ½ citron
- 1 cuillère à soupe d'huile d'olive
- Quelques feuilles de menthe
- Sel, poivre

SALADE THAÏ PIQUANTE À LA MANGUE ET AU CONCOMBRE

Préparation :
15 min + 1h de repos

- Commencez par peler et couper la mangue et le concombre en petits morceaux.
- Dans un saladier, versez la mangue, le concombre et ajoutez les huiles, le vinaigre et le piment, salez, poivrez et mélangez.
- Placez au réfrigérateur pendant une heure.

Saupoudrez de graines de sésame et dégustez bien frais.

INGRÉDIENTS

Pour 2 personnes

- ½ mangue
- ½ concombre
- 1 cuillère à café d'huile d'arachide
- 1 cuillère à café d'huile de sésame
- 1 cuillère à café de vinaigre
- 4-5 pincées de piment en poudre
- Graines de sésame
- Sel, poivre

GAUFRES AU BACON, TOMATES SÉCHÉES ET ÉCHALOTES

Préparation : ***15 min***
Temps de cuisson : ***10 min***

- Épluchez et émincez finement l'échalote.
- Faites revenir les allumettes de bacon et l'échalote dans une poêle anti-adhésive avec un filet d'huile d'olive pendant 5 minutes.
- Coupez les tomates séchées en petits morceaux.
- Préchauffez le gaufrier.
- Dans un saladier, versez les farines et la levure chimique.
- Dans un bol, battez l'œuf avec le fromage blanc et le lait.
- Mélangez ensemble les deux préparations, ajoutez le bacon, l'échalote et les tomates séchées.
- Mélangez et ajoutez quelques pincées d'herbes de Provence, du poivre et du sel si besoin.
- Graissez légèrement le gaufrier et versez une cuillère à soupe de pâte sur chaque plaque.
- Laissez cuire pendant environ 2 minutes 15.

INGRÉDIENTS

Pour 2 personnes (4 gaufres)

- 40 g de farine de sarrasin
- 35 g de farine de maïs
- 50 g de fromage blanc 0 %
- 1 œuf
- 100 g d'allumettes de bacon fumé
- 1 échalote
- 3-4 tomates séchées
- 6 g de levure chimique
- 50 ml de lait végétal
- Sel, poivre, herbes de Provence

MINI PANCAKES AU SARRASIN ET TZATZIKI

Temps de préparation : ***20 min***
Temps de cuisson : ***15 min***

- Pelez le concombre, coupez-le en deux dans la longueur et enlevez les graines à l'aide d'une petite cuillère.
- Râpez le concombre, mettez-le dans une passoire et essorez un maximum.
- Épluchez la gousse d'ail et pressez-la.
- Hachez finement la menthe.
- Dans un bol, mélangez le concombre râpé, le yaourt grec, l'ail et la menthe. Ajoutez une cuillère à café d'huile d'olive, salez, poivrez et mélangez.
- Réservez au réfrigérateur.
- Dans un saladier, versez la farine et la levure. Dans un petit bol, battez l'œuf avec le fromage blanc et le lait. Mélangez ensemble les deux préparations jusqu'à l'obtention d'une pâte homogène.
- Faites chauffer à feu moyen une poêle anti-adhésive (avec un peu de matière grasse si besoin), formez les mini pancakes à l'aide d'une cuillère à café et laissez cuire quelques minutes. Lorsque des petites bulles apparaissent, retournez les pancakes et poursuivez la cuisson pendant à nouveau quelques minutes.

Dégustez les mini pancakes en les trempant dans le tzatziki.

INGRÉDIENTS

Pour 2 personnes

- 50 g de farine de sarrasin
- 50 g de fromage blanc 0%
- 1 œuf
- 20 ml de lait végétal
- 3 g de levure chimique
- 1 yaourt grec
- ½ concombre
- 1 gousse d'ail
- 4-5 feuilles de menthe
- Sel, poivre
- Huile d'olive

SALADE TIÈDE DE LENTILLES

Préparation : ***10 min***
Cuisson : ***25 min***

- Dans une casserole, versez 250 ml d'eau, ajoutez les lentilles, couvrez et amenez à ébullition avant de mettre sur feu doux.
- Après environ 20-25 minutes, une fois que l'eau est absorbée et que les lentilles sont fondantes, éteignez le feu et laissez refroidir.
- Coupez les tomates cerises et les oignons nouveaux en petits morceaux.
- Dans un saladier, versez les lentilles, les tomates, les oignons et ajoutez l'huile d'olive et le vinaigre de framboise.
- Salez, poivrez et mélangez.

Dégustez encore tiède.

INGRÉDIENTS

Pour 2 personnes

- 60 g de lentilles blondes
- 4-5 tomates cerises
- 2 oignons nouveaux
- 1 cuillère à soupe d'huile d'olive
- 1 cuillère à café de vinaigre de framboise
- Sel, poivre

FEUILLETÉS AU POULET, CHAMPIGNONS ET CRÈME

Préparation : ***20 min***
Cuisson : ***15-20 min***

- Préchauffez le four à 210°C et sortez les carrés de pâte feuilletée du réfrigérateur.
- Lavez les champignons et coupez-les en lamelles d'environ 5 mm d'épaisseur.
- Dans une poêle, faites-les revenir à feu moyen pendant 5 à 10 minutes avec un peu d'huile d'olive, effilochez le poulet cuit et ajoutez-le. Salez et poivrez. Ajoutez la crème, baissez sur feu doux et laissez mijoter quelques minutes.
- Placez les carrés de pâte sur une feuille de papier sulfurisé. Disposez la préparation au centre de chaque carré, rabattez les quatre coins vers le centre.
- Badigeonnez un peu de jaune d'œuf ou de lait à l'aide d'un pinceau sur chaque feuilleté et saupoudrez de graines de sésame et de pavot.
- Enfournez pendant 15 à 20 minutes.

Sortez, laissez un peu refroidir et dégustez tiède.

Pour 2 personnes
- 2 carrés de pâte feuilletée
- 50 g de poulet cuit
- 50 g de champignons frais
- 25 ml de crème de soja
- Graines de sésame et de pavot
- Jaune d'œuf ou lait végétal (pour dorer)
- Sel, poivre

INGREDIENTS

SALADE DE ROQUETTE TOMATES SÉCHÉES ET MOZZARELLA

Préparation : ***15 min***

- Coupez grossièrement le jambon de Parme en morceaux.
- Dans une poêle, faites revenir le jambon quelques minutes afin de le rendre croustillant.
- Coupez les tomates séchées et les boules de mozzarella en petits morceaux.
- Dans des bols ou des assiettes creuses, disposez la roquette, les tomates séchées, la mozzarella et les morceaux de jambon de Parme.
- Ajoutez l'huile d'olive et quelques gouttes de crème de vinaigre balsamique.
- Salez et poivrez si besoin.

INGRÉDIENTS

Pour 2 personnes

- 50 g de roquette
- 10 mini boules de mozzarella
- 5-6 tomates séchées
- 2 tranches de jambon de Parme
- 1 cuillère à soupe d'huile d'olive
- Crème de vinaigre balsamique
- Sel, poivre

VELOUTÉ DE CAROTTES ET LENTILLES CORAIL AU LAIT DE COCO

Préparation : ***10 min***
Cuisson : ***25-30 min***

- Épluchez l'oignon et coupez-le grossièrement.
- Dans une petite casserole, faites revenir l'oignon avec un filet d'huile d'olive pendant quelques minutes. Ajoutez l'eau, couvrez et amenez à ébullition.
- Lavez les carottes et coupez-les en petites rondelles, versez-les dans l'eau. Lorsque l'eau bout, baissez légèrement le feu et laissez cuire à couvert.
- Après 10 minutes, ajoutez les lentilles corail et laissez cuire à nouveau 15 minutes.
- Arrêtez la cuisson, ajoutez le lait de coco, la coriandre, le cumin et mixez le tout jusqu'à l'obtention d'un velouté bien onctueux.
- Salez et poivrez.

INGRÉDIENTS

Pour 2 personnes

- 200 g de carottes
- 75 g de lentilles corail
- ½ oignon
- 350 ml d'eau
- 100 ml de lait de coco
- 5 pincées de coriandre
- 5 pincées de cumin
- Sel, poivre
- Huile d'olive

SOUPE DE PETITS POIS À LA RICOTTA

Préparation : ***10 min***
Cuisson : ***20 min***

- Épluchez l'oignon et coupez-le grossièrement.
- Dans une petite casserole, faites revenir l'oignon avec un filet d'huile d'olive pendant quelques minutes.
- Ajoutez les petits pois, faites revenir quelques minutes.
- Versez l'eau, couvrez, amenez à ébullition et puis baissez le feu.
- Laissez cuire environ 20 minutes.
- Sortez la casserole du feu, ajoutez la ricotta, salez, poivrez et mixez.

Pour déguster la soupe froide, mettez-la au réfrigérateur pendant quelques heures.

Avant de servir, ajouter quelques feuilles de menthe et mixez à nouveau.

INGRÉDIENTS

Pour 2 personnes

- 300 g de petits pois frais (ou surgelés si hors saison)
- 100 g de ricotta
- 1 oignon (ou 2 petites échalotes)
- 250 ml d'eau
- Sel, poivre
- Huile d'olive

CAKE AUX OLIVES ET JAMBON

Préparation : ***15 min***
Cuisson : ***35 min***

- Préchauffez le four à 180°C.
- Dans un saladier, versez la farine, la levure chimique, le thym et l'origan.
- Dans un bol, battez l'œuf avec l'huile d'olive, le fromage blanc et le lait végétal.
- Mélangez ensemble les deux préparations jusqu'à l'obtention d'une pâte homogène.
- Coupez le jambon en petits cubes et les olives en rondelles. Ajoutez-les à la pâte et mélangez.
- Poivrez et salez (si besoin, car le jambon et les olives apportent déjà du sel).
- Versez la pâte dans deux moules à cake individuels et enfournez pendant 35 minutes.

Laissez tiédir, coupez le cake en tranches et dégustez avec quelques crudités.

Pour 2 personnes

- 50 g de farine de blé semi-complète (T80)
- 75 g de jambon
- 50 g d'olives vertes
- 1 œuf
- 20 g de fromage blanc 0 %
- 35 ml de lait végétal
- 1 cuillère à café d'huile d'olive
- 4 g de levure chimique
- 4 pincées de thym
- 4 pincées d'origan
- Sel, poivre

INGRÉDIENTS

CAKE AU CHORIZO ET TOMATES SÉCHÉES

Préparation : ***15 min***
Cuisson : ***35 min***

- Préchauffez le four à 180°C.
- Dans un saladier, versez la farine, la levure chimique, le thym et le paprika.
- Dans un bol, battez l'œuf avec l'huile d'olive, le fromage blanc et le lait végétal.
- Mélangez ensemble les deux préparations jusqu'à l'obtention d'une pâte homogène.
- Coupez le chorizo et les tomates séchées en petits morceaux.
- Ajoutez-les à la pâte et mélangez.
- Poivrez et salez (si besoin, car le chorizo et les tomates séchées apportent déjà du sel).
- Versez la pâte dans deux moules à cake individuels et enfournez pendant 35 minutes.

Laissez tiédir, coupez le cake en tranches et dégustez avec quelques crudités.

Pour 2 personnes

- 50 g de farine de blé semi-complète (T80)
- 4 tomates séchées
- 8 petites tranches de chorizo
- 1 œuf
- 20 g de fromage blanc 0%
- 35 ml de lait végétal
- 1 cuillère à café d'huile d'olive
- 4 g de levure chimique
- 3 pincées de thym
- 3 pincées de paprika
- Sel, poivre

INGRÉDIENTS

MUFFINS DE QUINOA AUX COURGETTES ET JAMBON

Préparation : ***30 min***
Cuisson : ***25 min***

- Rincez et égouttez le quinoa.
- Dans une petite casserole, versez 150 ml d'eau et le quinoa. Couvrez et portez à ébullition puis baissez à feu doux et laissez cuire à couvert jusqu'à ce que l'eau soit absorbée, soit environ 15 minutes. Coupez le feu et laissez gonfler encore 5 à 10 minutes puis refroidir.
- Épluchez et hachez les échalotes.
- Lavez et coupez la courgette en petits dés.
- Dans une poêle, versez un filet d'huile d'olive et faites revenir les échalotes, le jambon et la courgette pendant environ 10 minutes (la courgette doit être fondante).
- Préchauffez le four à 180°C.
- Dans un bol, battez les œufs avec la crème de soja, le paprika et le thym.
- Dans un saladier, mélangez le quinoa, le mélange jambon/légumes et les œufs battus. Ajoutez la levure chimique et la farine de sarrasin. Poivrez et salez si nécessaire.
- Versez la pâte dans des moules à muffins et enfournez pendant 25 minutes.

À déguster légèrement tiède ou froid.

Pour 2 personnes

- 75 g de quinoa
- ½ courgette
- 100 g de jambon coupé en dés
- 3 échalotes
- 2 œufs
- 25 ml de crème de soja
- 10 g de farine de sarrasin
- 4 g de levure chimique
- 3 pincées de paprika
- 3 pincées de thym
- Sel, poivre
- Huile d'olive

INGRÉDIENTS

MUFFINS AU POULET CURRY ET LAIT DE COCO

*Préparation : **25 min***
*Cuisson : **25 min***

- Lavez et coupez la courgette en petits morceaux.
- Effilochez le poulet cuit.
- Dans une poêle, versez un filet d'huile d'olive et faites revenir la courgette avec le poulet et le curry pendant environ 10 minutes (la courgette doit être translucide).
- Préchauffez le four à 180°C.
- Dans un petit saladier, versez la farine et la levure chimique.
- Dans un bol, battez l'œuf avec le yaourt de soja et le lait de coco.
- Mélangez ensemble les deux préparations. Ajoutez le mélange poulet/courgette, salez et poivrez.
- Versez la pâte dans des moules à muffins et enfournez pendant 25 minutes.

Dégustez légèrement tiède ou froid.

Pour 2 personnes

- 50 g de farine de riz
- 100 g de courgette
- 100 g de poulet cuit
- 1 œuf
- 25 g de yaourt de soja
- 35 ml de lait de coco
- 4 g de levure chimique
- 5 pincées de curry
- Sel, poivre
- Huile d'olive

INGREDIENTS

Plats

PANADILLAS AU BŒUF

*Préparation : **45 min***

- Dans une casserole, versez le riz et 100 ml d'eau. Portez à ébullition, couvrez et laissez cuire à feu doux jusqu'à l'absorption totale de l'eau.
- Coupez l'oignon et le poivron en petits morceaux, faites-les revenir avec un filet d'huile d'olive dans une poêle.
- Après 10 minutes, ajoutez le bœuf haché, écrasez et mélangez le tout à la fourchette.
- Laissez cuire environ 10 minutes à feu doux.
- Ajoutez les épices, 100 ml d'eau, mélangez et laissez l'eau s'évaporer.
- Préchauffez le four à 175°C.
- Réchauffez-y les tortillas pendant 5 minutes.
- Coupez la tomate en petits dés et ajoutez-la dans la poêle avec le maïs. Mélangez le tout.
- Disposez le riz dans les tortillas et recouvrez du mélange de bœuf.

Pour 1 personne

- 150 g de bœuf haché
- ½ oignon
- ½ poivron
- 100 g de tomate
- 70 g de maïs
- 2 tortillas de blé souples
- ½ sachet d'épices Tacos
- 40 g de riz semi-complet
- Huile d'olive

INGRÉDIENTS

MÉLI-MÉLO VÉGÉTARIEN

Préparation : ***35 min***

- Cuisez les pâtes en suivant les indications du paquet. Égouttez-les et laissez-les refroidir puis ajoutez l'huile de noix, salez et poivrez. Réservez.
- Cuisez les petits pois (à l'eau ou à la vapeur) pendant environ 5 à 10 minutes.
- Dans une petite poêle, versez un filet d'huile d'olive et faites griller les tranches d'halloumi pendant quelques minutes de chaque côté.
- Coupez les tomates cerises en rondelles ou en petits morceaux.

Dressez l'assiette et ajoutez les cerneaux de noix concassés avant de déguster.

INGRÉDIENTS

Pour 1 personne

- 3 tranches d'halloumi
- 50 g de pâtes complètes
- 100 g de petits pois
- 100 g de tomates cerises
- 1 cuillère à café d'huile de noix
- 3-4 cerneaux de noix
- Sel, poivre
- Huile d'olive

CHILI CON CARNE ET RIZ BASMATI

Préparation : ***1h***

- Épluchez l'oignon, hachez-le et faites-en de même avec l'ail. Coupez le poivron en petits morceaux.
- Dans un wok ou dans une casserole, faites revenir l'oignon, l'ail et le poivron avec un filet d'huile d'olive pendant environ 10 minutes.
- Ajoutez la viande hachée, écrasez et mélangez le tout à l'aide d'une fourchette.
- Laissez cuire encore 10 minutes.
- Dans une petite casserole, versez le riz et 100 ml d'eau. Portez à ébullition, couvrez et laissez cuire à feu doux jusqu'à l'absorption totale de l'eau.
- Dans le wok, ajoutez les tomates, les haricots rouges, le chili, le cumin et mélangez.
- Salez et poivrez.
- Couvrez et laissez mijoter pendant 15 à 20 minutes.

Servez le chili avec le riz basmati.

INGRÉDIENTS

Pour 1 personne

- 150 g de bœuf haché
- ½ poivron
- ½ oignon
- 200 g de passata de tomates
- 75 g de haricots rouges cuits
- 50 g de riz basmati
- 1 gousse d'ail
- 1 cuillère à café de piment en poudre
- ½ cuillère à café de cumin
- Sel, poivre
- Huile d'olive

SALADE ITALIENNE DE PÂTES

Préparation : ***25 min***

- Cuisez les pâtes en suivant les indications du paquet. Égouttez-les, laissez-les refroidir et réservez.
- Coupez le tofu en tranches d'environ 1 cm d'épaisseur.
- Dans une poêle avec un filet d'huile d'olive, faites revenir les tranches quelques minutes de chaque côté.
- Coupez les tomates cerises et les boules de mozzarella en quatre.
- Coupez les tranches de tofu grillé en gros dés.
- Hachez grossièrement les oignons nouveaux.
- Dans un saladier, versez les pâtes, ajoutez les tomates, la mozzarella, le tofu et les oignons.
- Versez une cuillère à café d'huile d'olive et le vinaigre balsamique.
- Salez, poivrez.

Mélangez et saupoudrez de pignons de pin avant de déguster.

INGRÉDIENTS

Pour 1 personne

- 60 g de pâtes complètes
- 100 g de tofu au basilic
- 10 tomates cerises
- 3-4 mini boules de mozzarella
- 2 oignons nouveaux
- 1 cuillère à café de pignons de pin
- ½ cuillère à café de vinaigre balsamique
- Sel, poivre
- Huile d'olive

BURGER AU CAVIAR D'AUBERGINES ET FRITES DE PANAIS

*Préparation : **40 min***

- Préchauffez le four à 200°C.
- Épluchez le panais et coupez-le en frites. Dans une boîte, déposez les frites de panais, une cuillère à café d'huile d'olive, du sel, du poivre, du thym et du paprika puis fermez la boite et mélangez de manière vive.
- Sur une plaque recouverte d'une feuille de papier sulfurisé, disposez les frites de panais et enfournez pendant 30 minutes. Retournez les frites à mi-cuisson.
- Dans une poêle, versez un filet d'huile d'olive et faites frire les rondelles de courgette jusqu'à ce qu'elles soient bien grillées et fondantes. Ajoutez le steak et cuisez-le quelques minutes de chaque côté.
- Coupez le bagnat en deux et faites-le griller quelques instants au four.
- Tartinez le caviar d'aubergines sur chaque face.
- Disposez les courgettes, la viande, les tomates, la salade et refermez le burger.

Servez aussitôt le burger accompagné des frites de panais.

INGRÉDIENTS

Pour 1 personne

- 1 steak haché
- 1 bagnat
- 1 panais
- 4-5 rondelles de courgette
- 3 rondelles de tomate
- 2 cuillères à café de caviar d'aubergines
- Quelques feuilles de salade
- Huile d'olive
- Sel, poivre, thym, paprika

ASSIETTE AUX SAVEURS D'AUTOMNE

*Préparation : **40 min***

- Préchauffez le four à 200°C.
- Épluchez la patate douce et coupez-la en morceaux. Dans une boîte, mettez les morceaux de patate douce, une cuillère à café d'huile d'olive, du sel, du poivre, de la cannelle, du cumin et de la coriandre puis fermez la boîte et mélangez de manière vive. Sur une plaque recouverte d'une feuille de papier sulfurisé, disposez les morceaux de patate douce et enfournez pendant 20-25 minutes. Retournez à mi-cuisson.
- Dans une petite casserole, versez le quinoa après l'avoir rincé et égoutté. Versez 90 ml d'eau, couvrez et portez à légère ébullition, laissez cuire jusqu'à absorption totale de l'eau.
- Lavez, équeutez et coupez les champignons frais. Faites-les revenir dans une poêle avec un filet d'huile d'olive pendant 5 à 10 minutes.
- Coupez le tempeh en rondelles et faites-les dorer à la poêle quelques minutes de chaque côté.
- Disposez chaque aliment dans l'assiette, versez l'huile de noix et ajoutez les noisettes.
- Salez, poivrez.

INGRÉDIENTS

Pour 1 personne

- 90 g de tempeh fumé
- 1 patate douce de taille moyenne (environ 150 g)
- 100 g de champignons frais
- 40 g de quinoa
- 1 grosse feuille de chou chinois
- Huile d'olive
- 1 cuillère à café d'huile de noix
- 4-5 noisettes
- Sel, poivre
- Cannelle, cumin, coriandre

POIVRON FARCI ET *POTATOES*

Préparation : ***1h***

- Préchauffez le four à 200°C.
- Lavez le poivron, coupez-en le chapeau et évidez-le.
- Épluchez l'oignon, hachez-le et faites-le suer dans une poêle avec un filet d'huile d'olive pendant environ 10 minutes.
- Mélangez l'oignon avec la viande hachée, ajoutez un peu d'ail, de thym, de romarin. Salez, poivrez et mélangez.
- Farcissez le poivron avec le mélange. Huilez légèrement le fond d'un plat allant au four à l'aide d'un pinceau, déposez le poivron et enfournez pendant 45 à 50 minutes. Enfournez le chapeau du poivron environ 15 minutes avant la fin de la cuisson.
- Lavez et coupez la pomme de terre en gros morceaux.
- Dans une boîte, déposez les morceaux de pomme de terre, une cuillère à café d'huile d'olive, du sel, du poivre, du paprika et du thym puis fermez la boîte et mélangez de manière vive.
- Sur une plaque recouverte d'une feuille de papier sulfurisé, disposez les pommes de terre et enfournez pendant 35 minutes.
- Retournez à mi-cuisson.

Servez le poivron farci accompagné des potatoes.

INGRÉDIENTS

Pour 1 personne

- 150 g d'agneau haché
- ½ oignon
- 1 poivron
- 1 grosse pomme de terre
- Huile d'olive
- Ail, thym, romarin, paprika

SPAGHETTIS BOLOGNAISE

Préparation : **30 min**

- Épluchez et hachez l'oignon et l'ail.
- Dans une petite casserole, faites-les revenir avec un filet d'huile d'olive pendant 10 minutes.
- Ajoutez la viande hachée, écrasez et mélangez à l'aide d'une fourchette. Laissez cuire à feu moyen pendant 5 minutes.
- Versez le coulis de tomates, l'origan, le thym et le laurier, couvrez et laissez mijoter pendant 20 minutes.
- Salez, poivrez.
- Cuisez les spaghettis en suivant les indications sur le paquet et égouttez-les.

Servez les spaghettis, ajoutez la sauce bolognaise et quelques pincées de fromage râpé pour les plus gourmandes avant de déguster.

INGRÉDIENTS

Pour 1 personne

- 150 g de bœuf haché
- 60 g de spaghettis complets
- 150 g de coulis de tomates
- ½ oignon
- ½ gousse d'ail
- Origan, thym, laurier
- Sel, poivre
- Huile d'olive

RISOTTO AU POULET, CURRY ET LAIT DE COCO

*Préparation : **35 min***

- Diluez le bouillon en cube dans 250 ml d'eau bouillante.
- Épluchez l'oignon et hachez-le.
- Lavez et coupez le poivron et la courgette en petits dés.
- Dans une poêle, versez l'huile d'olive, ajoutez l'oignon, le poivron, le riz et faites revenir le tout environ 5 minutes (le riz doit être bien translucide).
- Mouillez une première fois le riz avec une petite quantité de bouillon et laissez cuire à feu doux.
- Après 5 minutes, ajoutez le poulet coupé en fines lanières, les morceaux de courgette, le curry et mélangez. Poursuivez la cuisson.
- Continuez de mouiller au fur et à mesure le risotto avec le bouillon en mélangeant régulièrement.
- Lorsque le bouillon est achevé (après environ 20 minutes), ajoutez le lait de coco, mélangez et laissez cuire encore 3 minutes.

Servez dans un bol et dégustez bien chaud.

INGRÉDIENTS

Pour 1 personne

- 60 g de riz arborio
- 150 g de poulet
- ½ oignon
- ½ poivron
- ¼ de courgette (environ 150 g)
- 30 ml de lait de coco
- 1 cuillère à soupe d'huile d'olive
- ¼ de cube de bouillon de poulet ou de légumes
- Sel, poivre, curry

QUICHE AUX TOMATES CERISES, MOZZARELLA ET PESTO

Préparation : ***20 min***
Cuisson : ***20-25 min***

- Préchauffez le four à 200°C.
- Lavez les tomates cerises et coupez-les en deux.
- Égouttez la mozzarella et coupez les mini boules en deux.
- Coupez les tranches de jambon fumé en petits morceaux.
- Dans un gros bol, battez les deux œufs avec la crème de soja. Ajoutez les morceaux de jambon fumé, salez (si besoin) et poivrez.
- Déposez la pâte feuilletée dans un moule à tarte et piquez-la à plusieurs reprises à l'aide d'une fourchette.
- Tartinez le fond de la pâte avec le pesto.
- Versez l'appareil à quiche et disposez les tomates en alternant avec la mozzarella.
- Saupoudrez d'un peu de basilic et enfournez pendant 20 à 25 minutes.

Coupez la quiche en quatre et accompagnez votre part d'un peu de salade.

Pour 1 quiche

- 1 pâte feuilletée
- 200 g de tomates cerises
- 125 g de mozzarella (en mini boules)
- 3 tranches de jambon fumé
- 2 œufs
- 30 ml de crème de soja
- 1 cuillère à soupe de pesto
- Sel, poivre, basilic

INGREDIENTS

POULET AU SIROP D'ÉRABLE ET PURÉE DE PATATES DOUCES AU BEURRE DE CACAHUÈTES

Temps de préparation : ***1h***

- Dans une assiette creuse, mélangez la fécule de maïs avec quelques pincées de paprika et de piment, du sel, du poivre et le sucre de coco. Roulez les pilons de poulet dans ce mélange jusqu'à ce qu'ils soient bien recouverts.
- Préchauffez le four à 200°C.
- Dans une poêle, faites chauffer une cuillère à café d'huile d'olive et faites-y dorer les pilons de chaque côté pendant quelques minutes.
- Dans un petit bol, mélangez le sirop d'érable et la cuillère à café d'huile d'olive. Disposez les pilons dans un plat allant au four, versez le sirop d'érable dessus et enfournez pendant 50 minutes. Retournez à mi-cuisson et arrosez régulièrement avec le jus de cuisson.
- Pendant la cuisson du poulet, lavez et équeutez les haricots. Pelez et coupez les patates douces en gros morceaux. Cuisez les patates douces à la vapeur pendant environ 15 minutes et les haricots pendant 20 minutes.
- Écrasez les patates douces à l'aide d'une fourchette. Ajoutez le beurre de cacahuètes, le lait végétal, du sel, du poivre et un peu de noix de muscade. Mélangez et écrasez jusqu'à l'obtention d'une purée onctueuse.

Dressez l'assiette et dégustez aussitôt.

INGRÉDIENTS

Pour 1 personne
- 2 pilons de poulet
- 2 patates douces moyennes
- 150 g de haricots verts
- 1 cuillère à café de beurre de cacahuètes naturel
- 1 cuillère à café de sucre de fleurs de coco
- 1 cuillère à café de fécule de maïs
- 1 cuillère à soupe de sirop d'érable
- 2 cuillères à café d'huile d'olive
- 1 à 2 cuillères à café de lait végétal (ou de crème végétale)
- Sel, poivre
- Paprika, noix de muscade, piment

ASSIETTE MEXICAINE

Préparation : ***20 min***

- Préparez le guacamole. Prélevez la chair de l'avocat et hachez en très petits morceaux l'oignon et les tomates. Dans une assiette creuse, écrasez l'avocat, ajoutez l'oignon et les tomates, quelques gouttes de jus de citron, salez, poivrez et mélangez le tout.
- Coupez les poivrons en petits dés. Dans un saladier, versez les poivrons, ajoutez les haricots rouges et le maïs. Versez l'huile d'olive, salez, poivrez et ajoutez quelques feuilles de coriandre fraîche ciselée.
- Faites revenir les tortillas à la poêle pendant quelques minutes pour les réchauffer. Coupez-les en 4.

Dressez l'assiette et dégustez en trempant les morceaux de tortillas dans le guacamole avec la salade.

Pour 1 personne

- 2 tortillas au blé complet
- 80 g de haricots rouges cuits
- 70 g de maïs
- ½ avocat
- ¼ de poivron vert
- ¼ de poivron rouge
- 1 petit oignon rouge
- 2 tomates cerises
- 1 cuillère à café d'huile d'olive
- Jus de citron
- Tabasco
- Sel, poivre
- Coriandre fraîche

INGRÉDIENTS

SAUMON EN PAPILLOTE, PETITS LÉGUMES ET POMME DE TERRE SUÉDOISE

Préparation : ***1h***

- Préchauffez le four à 210°C.
- Lavez la pomme de terre et entaillez-la sans jamais aller jusqu'au bout. Placez-la dans un plat allant au four, badigeonnez-la d'une cuillère à café d'huile d'olive et enfournez pendant 35 minutes.
- Lavez le poireau et la carotte, coupez-les finement et faites-les cuire à la vapeur pendant environ 10 minutes.
- Coupez un rectangle de papier sulfurisé, disposez les poireaux, puis les carottes, ajoutez le pavé de saumon. Saupoudrez d'épices provençales et d'aneth, salez, poivrez. Versez un filet d'huile d'olive et quelques gouttes de jus de citron.
- Refermez la papillote à l'aide d'agrafes ou de liens et emballez-la avec un rectangle de papier d'aluminium.
- Après les 35 minutes de cuisson de la pomme de terre, retirez-la du four, badigeonnez-la à nouveau d'une cuillère à café d'huile d'olive, ajoutez du thym, du sel et du poivre.
- Enfournez la pomme de terre et la papillote pendant 25 minutes.

Déballez délicatement la papillote, disposez les légumes dans l'assiette, déposez le saumon dessus et la pomme de terre.

Pour 1 personne

- 1 pavé de saumon
- 1 blanc de poireau
- 1 carotte
- 1 à 2 pommes de terre
- Huile d'olive
- Jus de citron
- Mélange provençal d'épices et aneth
- Thym
- Sel, poivre

PENNE AU PESTO, COURGETTES, TOMATES CERISES ET JAMBON DE PARME

Préparation : **30 min**

- Lavez et coupez la courgette en morceaux. Dans une poêle, versez l'huile d'olive et ajoutez les courgettes.
- Couvrez et laissez cuire à feu moyen pendant 10 minutes en remuant de temps en temps.
- Coupez les tomates cerises en deux, ajoutez-les, salez, poivrez et laissez cuire encore 5 à 10 minutes.
- Pendant ce temps, cuisez les pâtes en suivant les indications sur le paquet et égouttez-les.
- Dans une petite poêle, torréfiez les pignons de pin à feu vif pendant quelques minutes seulement.
- Roulez les tranches de jambon de Parme et coupez-les en petits tronçons.

Dans une assiette, versez les pâtes, le pesto et mélangez. Ajoutez les courgettes et les tomates, ainsi que le jambon et les pignons de pin avant de déguster.

INGRÉDIENTS

Pour 1 personne

- 60 g de penne complètes
- ½ courgette
- 5 tomates cerises
- 4 tranches de jambon de Parme
- 10 g de pignons de pin
- 1 cuillère à café d'huile d'olive
- 1 cuillère à soupe de pesto

CHOP SUEY ET NOUILLES SOBA

*Préparation : **45 min***

- Lavez les légumes. Épluchez et émincez l'oignon. Coupez le poivron, la courgette, le poireau et la carotte en fins bâtonnets.
- Mélangez la sauce soja avec la fécule de maïs et les 25 ml d'eau, réservez.
- Dans un wok, ajoutez l'huile de coco et faites chauffer à feu moyen.
- Ajoutez les légumes (sauf les germes de soja), un peu d'eau, couvrez et laissez cuire pendant 10 minutes.
- Ajoutez la sauce soja et laissez cuire 15 minutes en remuant régulièrement.
- Durant ce temps, faites cuire les nouilles soba en suivant les indications du paquet.
- Ajoutez les germes de soja 5 minutes avant la fin de la cuisson du wok (environ 30 minutes en tout, les carottes doivent être fondantes).

Versez les nouilles dans une assiette, puis le chop suey, parsemez de graines de sésame et de coriandre fraîche.

INGRÉDIENTS

Pour 1 personne

- 60 g de nouilles soba
- ½ poivron
- ½ oignon
- ¼ de courgette (environ 120 g)
- 1 blanc de poireau
- 1 grosse carotte
- 1 poignée de germes de soja
- 5 g de fécule de maïs
- 15 ml de sauce soja
- 25 ml d'eau
- 1 cuillère à soupe d'huile de coco
- Curcuma, gingembre, coriandre
- Sel, poivre
- Coriandre fraîche et graines de sésame (facultatifs)

WOK DE BŒUF AU SÉSAME ET NOUILLES DE RIZ

*Préparation : **35 min***

- Émincez l'oignon, le chou chinois et la courgette.
- Dans un wok, faites chauffer l'huile de coco et ajoutez les graines de sésame.
- Remuez et laissez cuire pendant une minute.
- Versez ensuite les légumes, faites-les sauter vivement afin de bien les saisir.
- Couvrez et laissez cuire à feu moyen pendant 10 minutes (ajoutez un peu d'eau si besoin).
- Ajoutez le bœuf coupé en lanières, les pousses de bambou, les germes de soja, quelques pincées de gingembre et de curcuma, mélangez.
- Ajoutez la sauce soja et le miel, salez, poivrez, mélangez à nouveau, couvrez et laissez cuire encore 10 minutes.
- Pendant ce temps, faites cuire les nouilles de riz en suivant les indications du paquet.

Égouttez et versez les nouilles dans le wok, mélangez et servez aussitôt.

Pour 1 personne

- 150 g de bœuf tendre
- 60 g de nouilles de riz
- ½ oignon
- 2 grandes feuilles de chou chinois
- ¼ de courgette
- 1 poignée de germes de soja
- 1 poignée de pousses de bambou
- 1 cuillère à soupe de graines de sésame
- 20 ml de sauce soja
- 10 g de miel
- Huile de coco
- Sel, poivre
- Gingembre, curcuma

INGRÉDIENTS

BOULGOUR AU POULET, PLEUROTES ET NOISETTES

*Préparation : **40 min***

- Dans une poêle, versez l'huile d'olive et saisissez le poulet coupé en gros dés à feu vif pendant quelques minutes.
- Baissez sur feu moyen et ajoutez les pleurotes coupées en gros morceaux et l'oignon émincé, couvrez et laissez cuire en remuant délicatement de temps en temps pendant 10 minutes.
- Pendant ce temps, concassez grossièrement les noisettes et faites-les torréfier dans une autre poêle pendant quelques minutes. Réservez.
- Ajoutez les raisins secs, le boulgour, quelques pincées de cannelle et de noix de muscade et 125 ml d'eau.
- Couvrez et laissez cuire par absorption sur feu doux pendant 10 à 15 minutes. Salez, poivrez.

Servez et ajoutez les noisettes torréfiées avant de déguster.

INGRÉDIENTS

Pour 1 personne

- 150 g de poulet
- 100 g de pleurotes
- 60 g de boulgour
- ½ oignon
- 15 g de noisettes
- 15 g de raisins secs
- Huile d'olive
- Sel, poivre
- Cannelle, noix de muscade

GALETTE DE SARRASIN AU FROMAGE DE CHÈVRE ET SALADE DE POIS CHICHES

*Préparation : **35 min***

- Rincez et égouttez le sarrasin. Dans une petite casserole, faites bouillir 125 ml d'eau avec une pincée de sel. Ajoutez le sarrasin, mélangez et attendez que l'eau bouille à nouveau. Couvrez et laissez cuire à feu moyen pendant 5 minutes.
- Après ces 5 minutes, retirez la casserole du feu et laissez gonfler à couvert pendant 15 minutes.
- Dans un bol, versez les pois chiches, les petits pois et les tomates cerises coupées en rondelles. Ajoutez l'huile de noix, du sel, du poivre et éventuellement quelques gouttes de vinaigre.
- Couper le fromage de chèvre en petits morceaux.
- Dans un petit saladier, versez le sarrasin cuit, le fromage et mélangez.
- Ajoutez le miel et quelques pincées de thym. Battez l'œuf et ajoutez-en la moitié dans le saladier, mélangez bien.
- Faites chauffer l'huile d'olive dans une petite poêle, versez la préparation et formez la galette.
- Faites cuire à feu moyen quelques minutes de chaque côté.

Servez la galette avec la salade de pois chiches.

Pour 1 personne

- 60 g de sarrasin décortiqué grillé (kasha)
- 1 œuf
- 15 g de bûche de chèvre
- 50 g de petits pois cuits
- 65 g de pois chiches cuits
- 5 tomates cerises
- 1 cuillère à café d'huile d'olive
- 1 cuillère à café d'huile de noix
- 1 cuillère à café de miel
- Sel, poivre
- Thym

INGRÉDIENTS

POULET CARAMÉLISÉ À L'ANANAS ET RIZ BASMATI

Préparation : ***40 min***

- Coupez en gros morceaux l'oignon et le poivron.
- Dans un wok, versez une cuillère à café d'huile d'olive et une cuillère à café de sirop d'agave et faites revenir à feu vif l'oignon et le poivron pendant 10 minutes en remuant régulièrement. Réservez.
- Pelez la tranche d'ananas, enlevez le centre et coupez-la en dés.
- Dans une petite poêle, versez une cuillère à café d'huile d'olive et une cuillère à café de sirop d'agave et faites revenir le poulet coupé en gros dés avec l'ananas pendant 10 minutes en remuant pour que la caramélisation soit homogène.
- Pendant ce temps, dans une petite casserole, versez le riz et 120 ml d'eau. Portez à ébullition, couvrez et laissez cuire à feu doux jusqu'à l'absorption totale de l'eau.
- Ajoutez le mélange poulet/ananas dans le wok, quelques pincées de piment, du sel, du poivre et réchauffez le tout pendant 5 minutes.

Versez le riz et le poulet dans un bol et dégustez sans tarder.

Pour 1 personne

- 150 g de poulet
- 60 g de riz basmati
- 1 poivron
- 1 oignon
- 1 grosse tranche d'ananas
- 2 cuillères à café d'huile d'olive
- 2 cuillères à café de sirop d'agave
- Sel, poivre
- Piment

GRATIN DE BŒUF AU BROCOLI, RICOTTA ET BLÉ

Préparation : ***30 min***
Cuisson : ***20 min***

- Émincez l'oignon et faites-le revenir quelques minutes avec une cuillère à café d'huile d'olive dans une poêle.
- Ajoutez le blé et mélangez.
- Versez 120 ml d'eau, salez, poivrez, couvrez et laissez cuire à feu doux jusqu'à absorption totale de l'eau. Réservez.
- Préchauffez le four à 210°C.
- Coupez les bouquets de brocolis et faites-les cuire à la vapeur ou à l'eau pendant 15 minutes. Égouttez et réservez.
- Dans une petite poêle, versez une cuillère d'huile d'olive et faites revenir le bœuf pendant quelques minutes.
- Salez, poivrez et ajoutez éventuellement des épices au choix.
- Écrasez les brocolis avec la ricotta à l'aide d'une fourchette jusqu'à l'obtention d'une purée.
- Dans un plat allant au four, disposez le blé puis le bœuf et finissez par la purée de brocolis.
- Ajoutez le gruyère râpé et enfournez pendant environ 20 minutes pour gratiner.

INGRÉDIENTS

Pour 1 personne

- 150 g de bœuf haché
- 150 g de bouquets de brocolis
- 60 g de blé
- 75 g de ricotta
- 20 g de gruyère râpé
- ½ oignon
- 2 cuillères à café d'huile d'olive
- Sel, poivre

Desserts

PARFAIT AU FROMAGE BLANC, SPÉCULOOS ET FRAMBOISES

Préparation : ***10 min***

- Concassez les spéculoos.
- Coupez les framboises en deux ou en quatre.
- Dans une verrine, disposez une couche de spéculoos, la moitié du fromage blanc, les framboises et puis le reste du fromage blanc.
- Décorez avec une framboise et quelques miettes de spéculoos.

Dégustez bien frais.

INGRÉDIENTS

Pour 1 personne

- 125 g de fromage blanc 0 %
- 3 spéculoos
- 1 poignée de framboises

DIP AU CHOCOLAT ET FRUITS FRAIS

Préparation : ***10 min***

- Dans un petit bol, mélangez le cacao, le sirop d'agave et la crème d'avoine.
- Ajustez la texture avec un peu de lait végétal si besoin.
- Coupez les fruits frais.

Disposez la sauce au chocolat et les fruits sur une assiette avant de picorer tranquillement.

INGRÉDIENTS

Pour 1 personne

- 10 g de cacao pur (non sucré)
- 5 g de sirop d'agave
- 40 g de crème d'avoine
- Quelques fruits frais au choix

CRÈME CHOCOLAT-NOISETTES

Préparation :
15 min + 1h de repos

- Dans un bol, mélangez le cacao, le sucre et la fécule de maïs.
- Dans un poêlon, faites chauffer le lait et la crème à feu moyen et ajoutez petit à petit la préparation précédente tout en mélangeant avec un fouet. Ajoutez la purée de noisettes et mélangez sans arrêt, la crème va s'épaissir assez rapidement.
- Lorsque la crème a la bonne consistance, retirez le poêlon du feu, versez la crème dans une verrine.
- Laissez refroidir une bonne quinzaine de minutes et placez-la au réfrigérateur.

Au moment de déguster, ajoutez les noisettes.

INGRÉDIENTS

Pour 1 personne

- 10 g de cacao pur
- 10 g de purée de noisettes
- 15 g de sucre de canne complet
- 5 g de fécule de maïs
- 50 ml de lait de noisettes
- 50 ml de crème de soja
- 2 noisettes (pour décorer)

VERRINE DE POMMES CARAMÉLISÉES À LA CANNELLE ET SIROP D'ÉRABLE

Préparation : ***15 min***

- Épluchez la pomme, ôtez-en le trognon et coupez-la en morceaux.
- Dans une poêle, faites chauffer l'huile de coco, versez-y les pommes, couvrez et laissez cuire quelques minutes.
- Ajoutez le sucre de fleurs de coco et la cannelle et mélangez régulièrement afin d'obtenir une belle caramélisation dorée.
- Dans une verrine, versez le fromage blanc, ajoutez les pommes, versez le sirop d'érable et décorez avec les amandes effilées.

La verrine se déguste tiède directement après sa préparation ou bien froide.

INGRÉDIENTS

Pour 1 personne

- 1 pomme
- 150 g de fromage blanc 0 %
- 1 cuillère à café d'huile de coco
- 1 cuillère à café de sirop d'érable
- 1 cuillère à café de sucre de fleurs de coco
- 1 pincée d'amandes effilées
- Cannelle

CHIA PUDDING EXOTIQUE

Préparation :
15 min + 4h de repos

- Pelez la mangue et coupez-la en morceaux.
- Avec un blender ou un mixeur, mixez la banane et la mangue jusqu'à l'obtention d'une purée onctueuse.
- Ajoutez quelques gouttes de jus de citron (afin d'éviter l'oxydation de la banane).
- Versez la purée obtenue dans un bol ou dans un verre, ajoutez les graines de chia et mélangez.

Couvrez avec un film alimentaire et placez le bol au réfrigérateur pendant minimum 4 heures avant de déguster.

INGRÉDIENTS

Pour 1 personne

- 1 banane
- ½ mangue
- 15 g de graines de chia
- Le jus d'½ citron

CRUMBLE POIRE-CHOCOLAT AUX SPÉCULOOS

Préparation : ***15 min***
Cuisson : ***30 min***

- Réduisez les spéculoos en poudre, à l'aide d'un robot ou à la main avec patience. Pelez et coupez la poire en petits dés. Coupez le chocolat en morceaux.
- Préchauffez le four à 180°C.
- Mélangez la poudre de spéculoos et la farine. Ajoutez la margarine végétale et mélangez du bout des doigts afin d'obtenir une pâte sablée.
- Graissez légèrement un petit plat allant au four, versez les morceaux de poire et le chocolat. Disposez la pâte à crumble et enfournez pendant 30 minutes.

Dégustez encore tiède ou bien frais.

INGRÉDIENTS

Pour 1 personne

- 5 g de farine de blé semi-complète (T80)
- 5 g de margarine végétale
- ½ poire
- 15 g de chocolat noir
- 2 spéculoos

SOUPE DE FRAISES À LA MENTHE

Préparation :
10 min + 2h de repos

- Lavez et équeutez les fraises puis coupez-les en quatre.
- Dans un blender, mixez les fraises avec le jus de citron et les feuilles de menthe.

Versez la soupe dans un verre et placez au réfrigérateur pendant 2 heures avant de déguster.

INGRÉDIENTS

Pour 1 personne
- 200 g de fraises
- 1 cuillère à café de jus de citron
- 10 feuilles de menthe

CRÈME À LA FRAMBOISE

Préparation :
10 min + 2h de repos

▸ Placez tous les ingrédients dans un blender et mixez jusqu'à l'obtention d'une crème bien lisse et onctueuse.

Versez dans une verrine ou dans un bol et placez au réfrigérateur pendant 2 heures avant de déguster.

INGRÉDIENTS

Pour 1 personne

- 150 g de framboises
- 100 g de tofu soyeux
- 50 ml de crème de soja
- 30 g de purée de noix de cajou
- 1 cuillère à soupe de sirop d’agave

CRÈME À LA MANGUE ET COCO

Préparation :
10 min + 2h de repos

- Pelez et coupez la mangue en morceaux.
- Dans un blender, mixez tous les ingrédients ensemble jusqu'à l'obtention d'une crème lisse et bien onctueuse.

Versez la crème dans une verrine et placez au réfrigérateur pendant au moins 2 heures avant de déguster.

INGRÉDIENTS

Pour 1 personne

- ½ mangue
- 80 g de tofu soyeux
- 70 ml de lait de coco (ou crème de coco)

CRÈME CHOCOLAT-BANANE AUX ÉCLATS DE NOISETTES

Préparation :
20 min + 2h de repos

- Dans un poêlon, faites fondre le chocolat avec la crème de soja.
- Mixez la banane avec une cuillère à soupe d'eau.
- Concassez grossièrement les noisettes.
- Retirez le poêlon du feu, ajoutez le coulis de banane et mélangez. Versez la moitié de la crème dans une verrine, saupoudrez d'éclats de noisettes, versez le reste de la crème et laissez au réfrigérateur pendant au moins 2 heures.

Avant de déguster, saupoudrez du reste de noisettes.

INGRÉDIENTS

Pour 1 personne

- 1 banane
- 20 g de chocolat noir
- 50 ml de crème de soja
- 5 noisettes

SEMOULE AU LAIT À LA FLEUR D'ORANGER ET FRAISES

Préparation :
15 min + 2h de repos

- Dans un petit poêlon, versez le lait et l'eau de fleur d'oranger puis portez à ébullition.
- Versez ensuite la semoule et le sucre, baissez sur feu moyen et laissez cuire pendant environ 5 minutes en remuant sans cesse.
- Versez la crème dans une verrine et placez au réfrigérateur pendant au moins 2 heures.

Juste avant de déguster, coupez les fraises et disposez-les sur la crème avec les amandes effilées.

INGRÉDIENTS

Pour 1 personne

- 15 g de semoule fine
- 10 g de sucre de canne complet
- 110 ml de lait végétal
- 1 cuillère à café d'eau de fleur d'oranger
- 3 fraises
- 1 pincée d'amandes effilées

MOUSSE AU CHOCOLAT À L'ORANGE

Préparation :
20 min + 3h de repos

- À l'aide d'un batteur, montez le jus de pois chiche en neige avec le sucre pendant environ 5 minutes.
- Faites fondre le chocolat au bain-marie.
- Ajoutez progressivement le chocolat fondu (tout juste tiède) aux « blancs » montés en neige tout en fouettant continuellement le mélange.

Ajoutez l'huile essentielle d'orange, versez dans un petit pot et laissez au réfrigérateur minimum 3 heures avant de déguster.

INGRÉDIENTS

Pour 1 personne
- 45 g de jus de pois chiches
- 30 g de chocolat noir
- 15 g de sucre de canne complet
- 2 gouttes d'huile essentielle d'orange

COOKIE DOUGH AU BEURRE DE CACAHUÈTES

*Préparation : **10 min***

- Versez tous les ingrédients (sauf les pépites de chocolat) dans un blender et mixez jusqu'à l'obtention d'une pâte homogène et bien crémeuse.
- Ajoutez les pépites de chocolat, mélangez et versez dans un bol.

Dégustez aussitôt ou laissez au frais quelques heures.

INGRÉDIENTS

Pour 1 personne

- 75 g de pois chiches
- 15 g de beurre de cacahuètes
- 1 cuillère à café de sirop d'agave
- 1 à 2 cuillères à soupe de lait végétal
- 3 gouttes d'arôme de vanille
- 10 g de pépites de chocolat

SALADE DE FRUITS À LA MENTHE

Préparation :
15 min + 1h de repos

- Pressez le citron.
- Coupez les feuilles de menthe en deux.
- Dans un poêlon, versez le jus de citron et deux cuillères à soupe d'eau et amenez à ébullition.
- Retirez le poêlon du feu, ajoutez la menthe et laissez infuser à couvert pendant 10 minutes.

Coupez les fruits, disposez-les dans une verrine ou dans un bol, ajoutez le sirop avant de déguster bien frais.

INGRÉDIENTS

Pour 1 personne
- 4 à 5 sortes de fruits frais
- ½ citron
- 5 feuilles de menthe

ANANAS CARAMÉLISÉ À LA CANNELLE

Préparation : ***20 min***

- Pelez les tranches d'ananas et retirez-en le centre.
- Faites fondre l'huile de coco dans une poêle à feu moyen, ajoutez le sirop d'agave, mélangez et déposez l'ananas.
- Saupoudrez d'un peu de cannelle et laissez rôtir pendant environ 5 minutes.
- Retournez les tranches, saupoudrez à nouveau d'un peu de cannelle et faites cuire encore pendant 5 minutes. L'ananas doit être bien doré.

Dégustez encore tiède, avec une boule de glace vanille pour les plus gourmandes.

INGRÉDIENTS

Pour 1 personne

- 2 tranches d'ananas
- 1 cuillère à café d'huile de coco
- 1 cuillère à soupe de sirop d'agave
- Cannelle

FLAN COCO
ET COULIS DE KIWI

Préparation :
15 min + 2h de repos

- Dans une petite casserole, versez le lait de coco, le lait végétal, le sucre et l'agar-agar, mélangez le tout et amenez à ébullition.
- Baissez sur feu moyen et mélangez jusqu'à ce que le mélange épaississe légèrement.
- Versez la préparation dans un pot et réservez au réfrigérateur pendant 2 à 3 heures.

Mixez le kiwi, versez le coulis sur le flan avant de déguster bien frais.

INGRÉDIENTS

Pour 1 personne

- 100 g de lait de coco
- 25 ml de lait végétal
- 10 g de sucre de canne complet
- 1 g d'agar-agar
- 1 kiwi
- Noix de coco râpée

PERLES DU JAPON AU LAIT DE COCO ET FRUITS EXOTIQUES

Préparation :
30 min + 1h de repos

- Dans une petite casserole, versez les laits, le sucre et portez le tout à ébullition.
- Ajouter les perles du Japon, réduisez le feu et laissez cuire 15 à 20 minutes en mélangeant régulièrement (les perles doivent être transparentes).
- Retirez du feu et laissez tiédir pendant 5 minutes en remuant de temps en temps.

Versez la préparation dans un petit pot en verre, ajoutez les morceaux de fruits et placez au réfrigérateur pendant au moins une heure avant de déguster.

INGRÉDIENTS

Pour 1 personne

- 20 g de tapioca (perles du Japon)
- 100 g de lait de coco
- 90 ml de lait végétal
- 10 g de sucre de canne complet
- Quelques morceaux d'ananas et de banane

SMOOTHIE GLACÉ AUX FRUITS ROUGES

Préparation : ***15 min***

- Coupez la banane en morceaux.
- Versez tous les ingrédients dans un petit blender et mixez jusqu'à obtenir une glace lisse et homogène.
- Si besoin, ajoutez un peu de crème ou d'eau.

Replacez environ 5 minutes au congélateur avant de déguster.

PETITS DÉJEUNERS

DESSERTS

INGRÉDIENTS

Pour 1 personne
- 1 banane
- 150 g de fruits rouges surgelés
- 35 ml de crème de soja

COMPOTE DE POMME-BUTTERNUT AU SIROP D'ÉRABLE

Préparation : ***40 min***

- Pelez et coupez en petits morceaux la pomme et la courge butternut.
- Dans une petite casserole, versez 75 ml d'eau, ajoutez les morceaux, couvrez et faites mijoter à feu doux pendant environ 30 minutes.
- Remuez régulièrement.
- Ajoutez la cannelle et un peu d'eau si besoin.
- Réduisez les fruits en compote à l'aide d'un presse-purée.
- Retirez du feu.

Versez dans un bol, ajoutez le sirop d'érable, un peu de cannelle et éventuellement des noix ou des noisettes avant de déguster.

INGRÉDIENTS

Pour 1 personne

- ½ pomme
- 100 g de courge butternut
- 1 cuillère à soupe de sirop d'érable
- 5 pincées de cannelle

MUG CAKE FAÇON COOKIE

Préparation : ***5 min***
Cuisson : ***2 min***

- Dans une tasse, faites fondre l'huile de coco au micro-ondes.
- Ajoutez le sucre et mélangez.
- Ajoutez l'œuf, la vanille et mélangez à nouveau.
- Ajoutez la farine et les pépites de chocolat et mélangez jusqu'à l'obtention d'une pâte bien homogène et lisse.
- Faites cuire au micro-ondes à 700 watts pendant 1 à 2 minutes.

INGRÉDIENTS

Pour 1 personne

- 30 g de farine d'avoine
- 10 g d'huile de coco
- 5 g de sucre de canne complet
- 1 œuf
- 3 gouttes d'extrait de vanille
- 10 g de pépites de chocolat
- 1 à 2 pincées de levure chimique

Snacks

TARTINE AUX FRAISES ET CHOCOLAT

Préparation : ***10 min***

- Dans un petit bol, mélangez le cacao, le sirop d'agave et le lait de coco.
- Coupez les fraises en fines tranches.

Étalez la pâte à tartiner sur la tranche de pain, disposez les fraises, saupoudrez de coco râpée avant de vous régaler.

INGRÉDIENTS

Pour 1 personne

- 1 tranche de pain multi-grains
- 2 fraises
- 1 cuillère à café de cacao pur
- 1 cuillère à café de sirop d'agave
- 15 g de lait de coco
- 1 pincée de coco râpée

TARTINE AU BEURRE DE CACAHUÈTES ET BANANE

Préparation : ***5 min***

- Coupez la banane en rondelles.
- Étalez le beurre de cacahuètes sur la tranche de pain, disposez les rondelles de banane et saupoudrez de graines de chia.

Pour 1 personne

- 1 tranche de pain multi-grains
- ½ banane
- 1 cuillère à soupe de beurre de cacahuètes naturel
- 3 pincées de graines de chia

INGRÉDIENTS

POIS CHICHES RÔTIS À LA CANNELLE

Préparation : ***5 min***
Cuisson : ***50 min***

- Préchauffez le four à 200°C.
- Épluchez les pois chiches.
- Faites fondre l'huile de coco au micro-ondes.
- Mettez les pois chiches dans une boîte, ajoutez l'huile de coco fondue, le sucre, la cannelle, fermez et secouez avec énergie pendant quelques instants.
- Disposez les pois chiches sur une plaque recouverte de papier sulfurisé, enfournez pendant 40 à 50 minutes et remuez toutes les 10 minutes.

INGRÉDIENTS

Pour 1 personne
- 100 g de pois chiches cuits
- 1 cuillère à café d'huile de coco
- 1 cuillère à café de sucre de canne complet
- 3 pincées de cannelle

ENERGY BALLS AUX NOIX DE CAJOU ET COCO

Préparation : ***40 min***

- Faites tremper les dattes séchées dans de l'eau chaude pendant environ 30 minutes.
- À l'aide d'un blender ou d'un petit robot puissant, mixez les noix de cajou en petits morceaux.
- Ajoutez les dattes (préalablement un peu « essorées ») et la noix de coco puis mixez le tout ensemble. Si nécessaire, ajoutez un peu d'eau pour faciliter le mixage.
- Façonnez les petites boules et conservez-les au réfrigérateur jusqu'à 10 jours.

Pour 8 boules
- 100 g de dattes dénoyautées
- 40 g de noix de cajou (non salées)
- 15 g de coco râpée (+ pour l'enrobage)

INGRÉDIENTS

ENERGY BALLS
AU BEURRE DE CACAHUÈTES

Préparation : ***25 min***

- Dans un grand saladier, mélangez les ingrédients secs : flocons d'avoine, noix de coco râpée, graines de chia et cacahuètes. Dans un bol, mélangez le beurre de cacahuètes avec le miel.
- Versez la seconde préparation dans la première et mélangez jusqu'à ce que tout soit bien imprégné.
- Façonnez les boules (n'hésitez pas à ajouter un peu d'eau si le mélange n'est pas assez humide et le façonnage compliqué).

Les boules se conservent pendant une à deux semaines dans une boîte hermétique (en dehors du frigo pour une version « molle » ou dedans pour une version plus dure).

INGRÉDIENTS

Pour 14 boules

- 125 g de beurre de cacahuètes naturel
- 50 g de flocons d'avoine
- 40 g de coco râpée
- 25 g de miel liquide
- 30 g de cacahuètes (non salées) grossièrement concassées
- 20 g de graines de chia

SMOOTHIE À LA BANANE, FRUITS ROUGES ET VANILLE

*Préparation : **10 min***

- Disposez tous les ingrédients dans un blender et mixez jusqu'à l'obtention d'un liquide onctueux et lisse.
- Versez dans un verre ou dans une jar à emporter.

INGRÉDIENTS

Pour 1 personne

- 1 banane
- 100 g de fruits rouges
- 150 ml de lait de soja à la vanille
- 10 g de graines de chia

SMOOTHIE AUX FRUITS EXOTIQUES

Préparation : ***10 min***

- Coupez l'orange en deux et pressez-la pour en recueillir le jus.
- Coupez tous les autres fruits en morceaux.
- Dans le blender, mettez tous les fruits, ajoutez le jus d'orange et mixez jusqu'à l'obtention d'un smoothie bien lisse.
- Versez dans un verre avec des glaçons ou dans une jar à emporter.

INGRÉDIENTS

Pour 2 verres ou 1 jar

- 1 banane
- ½ mangue
- 1 grosse tranche d'ananas frais
- 1 orange

JUS VITAMINÉ

Préparation : ***10 min***

- Passez tous les ingrédients à la centrifugeuse.
- Mélangez et versez le jus dans les verres.

Dégustez sans tarder afin de bénéficier de toutes les vitamines.

INGRÉDIENTS

Pour 2 verres ou 1 jar

- 3 carottes
- 1 orange
- ½ pomme
- 1 cm² de gingembre frais

TOAST SUCRÉ
À L'ŒUF BROUILLÉ

Préparation : ***15 min***

- Faites griller la tranche de pain (au grille-pain ou au four).
- Dans un petit bol, battez l'œuf avec la cannelle.
- Dans une poêle, ajoutez un peu d'huile de coco et faites chauffer.
- Versez l'œuf battu, remuez continuellement et coupez rapidement le feu.

Disposez l'œuf brouillé sur le pain, ajoutez le fruit et le sirop d'agave avant de déguster encore tiède.

Pour 1 personne

- 1 tranche de pain multi-grains
- 1 œuf
- 1 fruit au choix
- 3 pincées de cannelle
- 1 cuillère à soupe de sirop d'agave
- Huile de coco

INGREDIENTS

MENDIANTS AU CHOCOLAT NOIR

Préparation : ***15 min + 1h de repos***

- Faites fondre le chocolat noir au bain-marie.
- Sur une feuille de papier sulfurisé, versez une cuillère à soupe de chocolat et étalez légèrement avec le dos de la cuillère.
- Répartissez les fruits et les noix selon vos envies puis réservez au réfrigérateur jusqu'à ce que les mendiants durcissent.

INGRÉDIENTS

Pour 4 à 5 mendiants
- 50 g de chocolat noir
- Fruits secs et noix au choix

POP CORN AU CHOCOLAT ET COCO

Préparation : ***15 min***

- Faites chauffer à feu moyen l'huile de coco dans une petite casserole, ajoutez ensuite le maïs et mélangez afin de bien enrober les grains.
- Mettez le couvercle et laissez les grains éclater.
- Faites fondre le chocolat au bain-marie ou au micro-ondes.
- Lorsque les grains de maïs ont tous éclaté, versez le chocolat fondu dessus, ajoutez la noix de coco râpée et mélangez.

Laissez refroidir avant de déguster.

INGRÉDIENTS

Pour 1 personne

- 25 g de maïs à pop corn
- 20 g de chocolat noir
- 1 cuillère à café d’huile de coco
- 1 cuillère à soupe de coco râpée

CHIPS DE POMMES

Préparation : ***10 min***
Cuisson : ***1h15***

- Préchauffez le four à 100°C.
- Lavez la pomme et coupez-la en tranches d'environ 2 mm, à l'aide d'une mandoline ou d'un couteau.
- Disposez les tranches sur la grille recouverte de papier sulfurisé, saupoudrez de cannelle et enfournez pendant 1h15.
- Pendant la cuisson, ouvrez régulièrement le four afin de laisser sortir l'humidité contenue dans les pommes.

Dégustez rapidement afin de profiter un maximum du croustillant.

INGREDIENTS

Pour 1 personne
- 1 pomme
- Cannelle

CARRÉS DE CÉRÉALES AU CHOCOLAT ET OLÉAGINEUX

Préparation : **20 min + 15 min de repos**
Cuisson : **15 min**

- Commencez par torréfier les noisettes, noix et cacahuètes dans une poêle à feu doux pendant 10 minutes en remuant régulièrement. Enlevez la peau des noisettes et concassez grossièrement l'ensemble des noix.
- Préchauffez le four à 175-180°C.
- Dans un grand saladier, versez les flocons 4 céréales, les pétales de maïs et mélangez en écrasant grossièrement les pétales. Ajoutez le cacao et le mélange de noix.
- Dans une petite casserole, faites chauffer le sirop d'agave, l'huile de coco et la purée d'amandes jusqu'à l'obtention d'un liquide homogène.
- Versez le mélange liquide sur la première préparation et mélangez à l'aide d'une cuillère en bois jusqu'à ce que tout soit bien imbibé.
- Versez la préparation dans un plat rectangulaire allant au four préalablement recouvert d'une feuille de papier sulfurisé et tassez le tout jusqu'à l'obtention d'une surface bien lisse.
- Enfournez pendant 15 minutes. Sortez du four, laissez refroidir plusieurs minutes avant de faire figer le tout au frigo pendant 15 minutes.

Découpez les carrés et conservez-les dans une boîte hermétique pendant 5 à 7 jours.

INGRÉDIENTS

Pour 8 carrés

- 125 g de flocons 4 céréales
- 30 g de pétales de maïs (non sucrés)
- 40 g de noix
- 40 g de cacahuètes
- 20 g de noisettes
- 80 g de sirop d'agave
- 40 g d'huile de coco
- 10 g de cacao pur
- 1 cuillère à café de purée d'amandes blanches

BARRES AUX CÉRÉALES ET FRUITS SECS

Préparation :
20 min + 15 min de repos
Cuisson : ***20 min***

- Préchauffez le four à 175°C.
- Coupez grossièrement les fruits secs, les noix et les graines de courge.
- Dans un grand saladier, versez les flocons de sarrasin, les fruits secs, les noix, les graines de courge et la cannelle.
- Dans une petite casserole, faites chauffer le sirop d'agave et l'huile de coco.
- Versez le mélange liquide sur la première préparation et mélangez à l'aide d'une cuillère en bois jusqu'à ce que tout soit bien imbibé.
- Versez la préparation dans un plat rectangulaire allant au four préalablement recouvert d'une feuille de papier sulfurisé et tassez le tout jusqu'à l'obtention d'une surface bien lisse.
- Enfournez pendant 20 minutes.
- Sortez du four, laissez refroidir plusieurs minutes avant de faire figer le tout au frigo pendant 15 minutes.

Découpez les barres et conservez-les dans une boîte hermétique pendant 5 à 7 jours.

Pour 8 barres

- 135 g de flocons de sarrasin
- 80 g de sirop d'agave
- 65 g d'huile de coco
- 40 g de noix
- 30 g de graines de courge
- 20 g de raisins secs
- 20 g de cranberries séchées
- 20 g de dattes
- 5 pincées de cannelle

INGRÉDIENTS

COOKIES MOELLEUX AUX NOIX ET CRANBERRIES

Préparation : ***15 min***
Cuisson : ***15 min***

- Dans un saladier, fouettez la margarine avec le sucre jusqu'à l'obtention d'une crème mousseuse. Ajoutez l'œuf, la cannelle et mélangez.
- Ajoutez la farine et la levure chimique. Mélangez à l'aide d'une cuillère en bois. Hachez grossièrement les noix et les cranberries et ajoutez-les à la pâte.
- Prélevez l'équivalent d'une cuillère à soupe et formez des petits tas compacts sur la grille recouverte d'une feuille de papier sulfurisé.
- Enfournez pendant 15 minutes puis laissez légèrement refroidir avant dégustation.

Les biscuits se conservent dans une boîte hermétique.

INGRÉDIENTS

Pour 10 cookies

- 60 g de farine de blé blanche (T65)
- 70 g de farine de blé semi-complète (T80)
- 85 g de margarine végétale
- 60 g de sucre de canne complet
- 60 g de noix
- 25 g de cranberries séchées
- 1 œuf
- 3 pincées de levure chimique
- 3 pincées de cannelle

BARRES CRUES GLACÉES AUX FIGUES ET AUX NOIX

Préparation : ***40 min***

- Faites tremper les figues séchées dans de l'eau chaude pendant environ 30 minutes.
- Coupez grossièrement les noix et les noix de cajou en deux à l'aide d'un couteau.
- Dans le blender, versez les figues (préalablement un peu « essorées »), les noix et les noix de cajou puis mixez le tout ensemble. Si nécessaire, ajoutez un peu d'eau pour faciliter le mixage.
- Répartissez la préparation dans deux moules à cake individuels et tassez avec le dos d'une cuillère à soupe.

Placez au congélateur et sortez-les 10 à 15 minutes avant de déguster.

INGRÉDIENTS

Pour 2 barres
- 100 g de figues séchées
- 40 g de noix
- 20 g de noix de cajou

BISCUITS AUX FLOCONS D'AVOINE, NOIX DE CAJOU ET FRUITS SECS

Préparation : ***10 min***
Cuisson : ***20 min***

- Préchauffez le four à 165°C.
- Concassez grossièrement les noix de cajou. Faites fondre l'huile de coco au micro-ondes.
- Dans un saladier, versez tout les ingrédients et mélangez avec une cuillère en bois. Prélevez l'équivalent d'une cuillère à soupe et formez des petits tas compacts sur la grille recouverte d'une feuille de papier sulfurisé.
- Enfournez pendant 20 minutes puis laissez refroidir complètement avant dégustation.

Les biscuits se conservent dans une boîte hermétique.

INGRÉDIENTS

Pour 8 à 10 biscuits

- 50 g de flocons d'avoine
- 30 g de farine de blé semi-complète (T80)
- 20 g de noix de cajou
- 15 g de sucre de fleurs de coco
- 10 g de raisins secs
- 10 g de baies de goji
- 10 g d'huile de coco
- 40 à 50 ml de lait végétal
- 1 pincée de levure chimique

FINANCIERS AU CITRON ET COCO

Préparation : ***15 min***
Cuisson : ***15 min***

- Préchauffez le four à 200°C.
- Dans un saladier, mélangez la farine d'amandes, la farine de sarrasin et les sucres.
- Dans un autre saladier, montez les blancs d'œufs en neige ferme et ajoutez-les délicatement au premier mélange. Ajoutez l'huile de coco préalablement fondue et mélangez.
- Zestez le citron et pressez une moitié pour en recueillir le jus. Ajoutez-les au mélange.
- Versez la pâte dans des moules à financier en silicone et saupoudrez de noix de coco râpée.
- Enfournez et laissez cuire pendant 15 minutes.

INGREDIENTS

Pour 8 financiers

- 50 g de farine d'amandes
- 50 g de farine de riz
- 65 g de sucre de canne complet
- 20 g de sucre de fleurs de coco
- 4 blancs d'œuf
- 30 g d'huile de coco
- 1 citron
- 8 pincées de coco râpée

MUFFINS À LA BANANE ET NOISETTES

Préparation : ***15 min***
Cuisson : ***20 min***

- Préchauffez le four à 180 °C.
- Dans un saladier, mélangez la farine, le sucre et la levure chimique. Ajoutez l'œuf, le lait et mélangez.
- Écrasez la banane et incorporez-la au mélange. Hachez grossièrement les noisettes et ajoutez-les dans la pâte.
- Versez la pâte dans 6 petits moules à muffins.
- Enfournez et laissez cuire 15 à 20 minutes.
- Vérifiez la cuisson avec la pointe d'un couteau qui doit ressortir sèche.

Pour 6 muffins

- 100 g de farine de blé semi-complète (T80)
- 1 banane
- 1 œuf
- 40 g de noisettes
- 55 ml de lait végétal
- 10 g de sucre de canne complet
- 1 cuillère à soupe d'huile de coco
- 5 g de levure chimique

INGRÉDIENTS

ROCHERS À LA NOIX DE COCO

Préparation : ***10 min***
Cuisson : ***6 min***

- Préchauffez le four à 220°C.
- Dans une petite casserole, mélangez tous les ingrédients et faites chauffer au bain-marie pendant 5 minutes en remuant régulièrement.
- Formez des petits tas ou des petites boules et disposez-les sur une plaque recouverte de papier sulfurisé.
- Enfournez et laissez cuire 5 à 6 minutes.

INGRÉDIENTS

Pour 6 à 7 rochers

- 50 g de noix de coco râpée
- 30 g de sucre de canne complet
- 1 blanc d'œuf

Index

des ingrédients « spéciaux » : pourquoi les consommer ?

▶ BAIES DE GOJI SÉCHÉES

Petite baie originaire de Chine et considérée comme un superaliment. Antioxydante et très riche en vitamines B1, B2, B6, C et E, elle stimule et renforce le système immunitaire, combat la fatigue, ralentit le vieillissement de la peau et protège les reins ainsi que le foie.

▶ BEURRE DE CACAHUÈTES NATUREL

Riche en acides gras insaturés, il aide à lutter contre le mauvais cholestérol. Également riche en protéines et en fibres, il participe à la diminution des maladies cardio-vasculaires.

▶ BOULGOUR

Dérivé du blé et pauvre en graisses, il possède un indice glycémique bas, ce qui en fait un aliment nourrissant et à digestion lente. Également riche en fer, magnésium et phosphore, il aide à lutter contre la fatigue et est très bon pour la concentration.

▶ CACAO PUR

Riche en flavonoïdes, il maintient les artères en bonne santé et participe à la prévention des maladies cardio-vasculaires. Outre ses vertus antioxydantes, il est également riche en phosphore, magnésium, fer, zinc, manganèse, cuivre, potassium, vitamines B2 et B3.

▶ CRANBERRIES SÉCHÉES

Très riche en antioxydants, la canneberge prévient les infections urinaires et les maladies cardio-vasculaires ainsi que le cancer. Riche en vitamines C et en sucre, elle est à consommer modérément.

▶ FLOCONS D'AVOINE

Riche en fibres insolubles, l'avoine possède un pouvoir de satiété important et empêche les fringales. Également riche en fibres solubles (la bêta-glucane et d'autres), elle diminue le mauvais cholestérol en le piégeant et en le rejetant. Pourvue en vitamines B, potassium, magnésium, phosphore et calcium, l'avoine fait partie des stars des céréales à consommer au petit déjeuner.

▶ GRAINES DE CHIA

Originaire d'Amérique centrale, la graine de chia constitue une source importante d'oméga-3 et d'oméga-6. Riche en protéines et en fibres, la graine de chia facilite le transit, apporte satiété et réduit les risques de maladies cardio-vasculaires. Après minimum 30 minutes dans un liquide, le chia développe un mucilage et permet la formation de crème ou de pudding.

▶ LENTILLES CORAIL

À indice glycémique bas, la lentille corail apporte satiété et permet d'éviter les grignotages. Riche en protéines, fibres, fer, potassium, magnésium, phosphore, vitamines B1 et B9, elle réduit l'apparition de maladies cardio-vasculaires, limite l'absorption du mauvais cholestérol et apporte une énergie continue.

▶ NOIX DE COCO

Riche en acide laurique qui diminue le cholestérol total et le mauvais, la noix de coco est également riche en fibres : elle participe activement à la réduction de maladies cardio-vasculaires et aide à contrôler l'appétit. Elle est également riche en manganèse, fer, cuivre, sélénium, magnésium, potassium, zinc et vitamines B6.

▶ PATATES DOUCES

Particulièrement riche en vitamines A et B6, en cuivre et en manganèse, la patate douce possède un indice glycémique faible et apporte satiété et énergie. Antioxydante et riche en fibres, elle aide à réduire le risque de maladies cardio-vasculaires tout en améliorant la condition diabétique. Avec un bon petit goût sucré, elle remplace la pomme de terre dans de nombreuses préparations.

▶ PHYSALIS SÉCHÉS

Originaire des Andes, la baie de physalis (également appelée baie des Incas) est très riche en vitamines A, B1, B2, B3, C, E, K1, et de ce fait intéressante pour faire le plein de vitamines dès le matin. Elle possède également des agents puissants anti-inflammatoires, antihistaminiques et antioxydants.

POIS CHICHES

Aliment star de la cuisine végétarienne, le pois chiche est pauvre en matières grasses et en cholestérol et riche en protéines, fibres, fer, zinc, magnésium, potassium, sélénium, vitamines B1, B2, B6. Le pois chiche participe au contrôle du diabète, régule l'appétit et les fringales. Sucré ou salé, il se décline de toutes les manières possibles.

QUINOA

Pseudo-céréale sans gluten et riche en protéines, le quinoa possède des fibres qui peuvent aider au traitement des maladies cardio-vasculaires et du diabète. Son indice glycémique moyen le propulse au rang de nouvelle star. Également riche en manganèse, fer, cuivre, phosphore, magnésium, zinc et vitamines B2, le quinoa amène encore plus de diversité dans l'assiette.

SARRASIN

Pseudo-céréale sans gluten également, le sarrasin est riche en protéines (et acides aminés essentiels). Très nutritif et riche en fibres solubles, le sarrasin participe à la diminution du mauvais cholestérol, aide à maintenir une fonction intestinale adéquate et prévient les maladies cardio-vasculaires et cancers grâce à ses pouvoirs antioxydants. Également riche en manganèse, phosphore, fer, zinc, vitamines B1, B2, B3 et B6, il se consomme sous forme de grains, farine, flocons ou encore pâtes.

SIROP D'AGAVE

Édulcorant naturel à indice glycémique très faible, le sirop d'agave constitue un substitut intéressant du sucre raffiné. Plus liquide et moins sucré que le miel, il est plutôt passe-partout dans toutes les préparations.

SUCRE DE CANNE COMPLET

Contenant saccharose et de nombreux micronutriments (potassium, magnésium, calcium, fer, phosphore, fluor, cuivre, manganèse, zinc, provitamine A, vitamines B1, B2, B6 et C), le sucre complet est à privilégier par rapport au sucre raffiné qui ne contient pas ou peu de micronutriments.

▶ SUCRE DE FLEURS DE COCO

Issu de la sève des fleurs du cocotier, ce sucre possède une teinte de caramel et un goût qui va avec. Avec un indice glycémique particulièrement bas, le sucre de coco est idéal pour les diabétiques. De plus, riche en antioxydants et en nutriments (vitamines B, zinc, potassium, fer), il aide à éliminer les toxines, stimule les défenses immunitaires et apporte un goût irrésistible de caramel aux préparations.

▶ TEMPEH

À base de soja fermenté, sans gluten et riche en protéines, le tempeh est intéressant dans une alimentation végétarienne. Très digeste en raison de son processus de fermentation, il est également riche en vitamines B6, B12 et B13. Il reste néanmoins un aliment particulier avec une saveur amère, attention donc aux palais délicats.

▶ TOFU (FERME)

Riche en protéines et faible en matières grasses, le tofu est une sorte de « fromage » fabriqué à partir de lait de soja chauffé, caillé et comprimé en bloc. Possédant un goût plutôt fade, il est préférable de faire mariner le tofu nature ou de se diriger vers les blocs de tofu déjà aromatisés.

▶ TOFU SOYEUX

Il s'agit d'un tofu moins comprimé que le précédent et qui garde donc une texture crémeuse, souvent utilisé dans les sauces, mayonnaise, tartes, quiches, crèmes dessert ou smoothies.